숲으로 난 길

숲으로 난 길

· 지은 이 | 바다문인협회
· 펴낸 이 | 임종대
· 펴낸 곳 | 미래문화사

· 찍은 날 | 2007년 5월 7일
· 펴낸 날 | 2007년 5월 11일

· 등록 번호 | 제3-44호
· 등록 일자 | 1976년 10월 19일
· 주소 | 서울시 용산구 효창동 5-421
· 전화 | 715-4507 / 713-6647
· 팩시밀리 | 713-4805
· E-mail | mirae715@hanmail.net

· ISBN | 89-7299-339-5 03810
※본 책은 《서울문화재단》으로부터 제작비의 일부를 지원받았습니다.

* 책 가격은 표지 뒷면에 있습니다.

숲으로 난 길

바다문협 7집

미래문화사

초대시

박꽃

최영호 | 바다문인협회 회장

해 저문 고갯마루
노을이 내렸다

황토길 저 먼 끝에서
마지막 빛살에 젖어 우는
박꽃 한 송이

뒤돌아볼 때마다
하얀 손
흔들어 흔들어

서러워라
자욱한 한숨으로 날아와
나의 눈썹 끝에서 흐느끼는
어머니의 옷고름,

새하얗게 우거진 꽃의 그 나라

차례

|초대시| 최영호—박꽃

제1부 어느 봄날의 대화

|김두경|
어떤 미소 • 상사화 • 눈으로 말해요 16

|안숙자|
목련의 꿈 • 눈 내리는 바다 • 어머니의 부엌 19

|최영선|
어느 봄날의 대화 • 징소리 • 꽃 같은 사람 22

|황현미|
이 봄 가장 외로운 것은 • 국경을 넘는 일 •
이라크 파병 25

|김중근|
까치둥지 • 국화 • 첫눈 28

|연용옥|
산더덕을 찾아서 • 비 오는 날의 단상 • 영혼의 소리 31

|최영은|
그들의 사랑 • 마음의 문 • 먼 길 34

|최미화|
수선화 피는 계절 • 모래 위에 새긴 흔적 •
가끔은, 바다를 닮고 싶습니다 37

|김호순|
국화꽃 이불 • 십자수를 놓으며 • 봄꽃이고 싶네 40

제2부 은행나무집 남매들

|조영인|
한벽당에서 • 백목련 • 은행나무집 남매들 46

|공의식|
등대 • 연어 • 지하철 49

|김용욱|
모정 • 해후 • 난꽃 52

|김성애|
태교 • 점령 • 나팔꽃 55

|김경숙|
용미리에서 • 파장 • 인연 58

|이정석|
크레인 작업 • 보고 싶다 • 대청봉 일출 61

|남여울|
창밖에 봄 • 하늘 • 바람이 되고 싶어요 64

|박성락|
눈꽃도 눈꽃이지만 • 섬진강 사계 • 동백꽃 67

|이현숙|
어머니와 소금 항아리 • 백 원의 가치 • 첫사랑 70

제3부 벼랑에 선 소나무처럼

|김한주|
벼랑에 선 소나무처럼 • 애벌레의 꿈 • 변종 국화_76

|김호동|
경정 바다의 파도 • 폐가_79

|이용희|
고향 단상 • 가족 추억 • 삽우_82

|김순화|
시詩 • 숲으로 난 길 • 겨울 개나리_85

|박숙경|
감포 밤 바다 • 다부원에서 • 꿈을 찾아서_88

|이영숙|
추억 속의 길 • 유전 • 새벽을 열며_91

|조태형|
강아지가 좋아하는 내 친구 • 자판기 • 슬픈 종점_94

|이철호|
어둠이 내리는 밤에 • 함박눈 • 상사화_97

|곽정순|
기차를 타고 • 바다를 사랑한 그대 • 사과나무 애상_100

제4부 하늘빛 고운 미소

|안숙현|

하늘빛 고운 미소 • 봄이 오는 소리 • 친구에게 _ 106

|손광식|

다시는 그대 이름 부르지 못할 것입니다 •
오늘도 너를 보낸다 • 나는 기쁘다 따뜻하다 _ 109

|정은아|

내 마음에 봄이 오는 소리 • 동반자 •
이게 사랑인가요? _ 112

|박순영|

진달래 • 장수에서 • 산을 오르며 _ 115

|한학선|

친구가 될 수 없는 너를 • 이리 편한 것을 _ 118

|김경아|

잔인한 달 • 선인장의 변명 • 시계 _ 121

|양순재|

상념 • 여명 • 무제 _ 124

|이덕순|

섬 • 세월 마주보며 • 추억 _ 127

제5부 돌 틈에 피는 꽃

|조미영|

창호지 문 • 돌 틈에 피는 꽃 • 초승달 __134

|채희숙|

파도리 바닷가 • 계곡에서의 하루 • 어느 날의 사진 __137

|홍미영|

사랑하는 나의 딸들에게 • 근신 • 몸무게 __140

|이석렬|

암자 • 난 • 매화 __143

|이우열|

봄 나물 • 정월 보름 • 무지개 __146

|홍신자|

달개비 꽃 • 사월 • 아파트 __149

|이문조|

그녀는 예뻤다 • 사랑은 까치발로 다가온다 •
개구리 소리 __152

|박연자|

장마 전선 • 나침반 • 보고 싶다 __155

|김희정|

눈부심 • 아기와 햇살 • 추억 __158

제6부 아픈 사랑을 위하여

|하은|

아픈 사랑을 위하여 • 희망가 · 1 • 바람의 서 __ 164

|이원용|

커피를 사모함 • 겨울 강 • 경원선 __ 167

|김경애|

슬픔아, 이제 안녕하자 • 달궁계곡 가는 길 • 그냥 지나쳐지지 않는 여름 __ 170

|김용길|

무연 • 잡초 • 가을의 노래 __ 173

|하성수|

당신 • 물새 • 푸른 초원의 꿈 __ 176

|최성규|

바람이 가는 곳 • 겨울 민들레 • 빈들에 서서 __ 179

|이돈권|

춘설 내리는 날 • 쑥국 • 반달 __ 182

|김은재|

구겨진 종이학 • 아방궁 • 한 움큼 남은 정 __ 185

|홍수영|

거리에서 • 열여섯 소녀에게 • 별 __ 188

제7부 모두 다 사랑하리

|홍순철|
모두 다 사랑하리 • 우리의 길을 가야 한다_194

|한관식|
그립다 그립다 그립다 • 이름 하나 • 여자인 당신은_197

|정종심|
봄이 오는 세상 • 섬 • 아카시아 꽃길_200

|김태우|
겨울 밤 • 아침 • 일어나 걷기_203

|이종선|
나의 하늘에는 • 떠나는 것은 말이 없다 •
네게로 가고 싶었다_206

|임세광|
본능 • 낙엽 • 시향_209

|박찬구|
꽃 한 송이 • 금강의 황혼 • 노란 민들레_212

|남상숙|
봄의 요정 • 아버지 • 선운산 가는 길_215

|엄경덕|
새벽을 여는 사람들 • 봄이 오는 길목에서 • 우리의 삶_218

제1부

어느 봄날의 대화

내가 잡으면
찰랑대는 물결 소리도 낸다 아이가
국그릇, 밥그릇, 주걱, 국자
저네들 언제 한번
흔들려 보노, 호강이제

하루에도 몇 번씩
뜨겁게 향기를 터시는
어머니의 왼손

병 수발 며칠하고
물집 터진 내 입술에선
단내가 났었고

그 단내 풀어 주시려는 듯
봄빛 좋은 날
하얀 쌀밥 고봉으로
퍼 주시려다 내는 소리,

어머니 왼손은
바람을 일으키네

김두경 시인

성균관대학교 국어국문과 졸업
《문학21》 신인문학상 수상
바다문인협회 자문위원

안숙자 시인

《문학과 의식》 신인문학상 수상
제7회 김삿갓문화큰잔치 《영월문화원장상》 수상
바다문인협회 감사

최영선 시인

《문학과 의식》 신인문학상 수상
바다문인협회 사무국장
제2회 바다문학상 대상 수상

황현미 시인

《문예운동》 신인문학상 추천 등단
청하문학회 회원
바다문인협회 사무국장

김중근

《문예사조》 신인문학상 수상 등단
제2회 바다문학상 최우수상 수상
바다문인협회 부회장
(현) JG기획 대표

연용옥 시인

충북 괴산 출생
《한맥문학》 신인문학상 수상 등단(시)
《강물 위에 띄운 편지》 외 공저 다수
(현) 바다문인협회 회원

최영은 시인

《문학21》 신인문학상 수상 등단
바다문인협회 이사
(현) 공무원

최미화 시인

《문학21》 신인문학상 수상
제1회 문예대학 문예문학상 수상
제10회 동백여성글자랑 대회 장원
(현) 바다문인협회 이사

김호순 시인

《문예운동》 신인문학상 수상 등단
제8회 바다문예대전 최우수상 수상
(현) 중고등학교 국어, 논술교사

어떤 미소

때 묻은 일기장 속에
꿈처럼 살아 있었구나
싱그러운 너의 미소

세월은 가도
추억은 남아
구김 없이 웃고 있구나

지난 여름 꽃밭에서
손가락에 꽃물 들이던
다정한 너의 미소

살다가 지쳐 외로운 날은
그리운 가슴 열어, 너의
하얀 미소를 꺼내어 본다

상사화

처음부터 어긋난 만남으로 하여
홀로 하늘을 불태우다가, 봄밤
황천강가에 뚝뚝 피 흘리다가
끝내 죽지도 못한 불새 한 마리
아직도 끝나지 않은 저 간절한 탑돌이
푸른 하늘을 맴돌다가, 달빛 아래
머리 풀어 춤을 추다가, 어둠을 뚫고
알몸으로 일어서는 붉은 꽃대궁
봄바람에
생살 터지는 붉은 아우성
그 뜨거운 몸부림으로, 너는
내 피 먹은 상사화
생시로는 만날 수 없는 길
당신 없이도 홀로 지켜온 계절
황천강 가에 뚝뚝 피 흘리고 있는 너는
내 불타는 입술인 것을

눈으로 말해요

무심히 날려보낸
그 말 한 마디
고통의 불씨가 되어
내 가슴을 태우고

냉정하게 잘라버린
그 말 한 마디
가슴에 병이 되어
말을 잃었습니다

내게서 버림받은
그 말 한 마디
그 말이 남기고 간, 내
가슴속 가시를 뽑지 못해서

내가 나를 믿을 수 없는
그 입이 너무 무서워서
나는 벙어리가 되어
눈으로 말합니다

목련의 꿈

눈부신 빛살무늬
주렴으로 내걸린
따사로운 봄날

비상을 꿈꾸는
목련 가지 휘어잡아
몽글몽글한 꽃망울에
심연의 고요를 담뿍 축여

청아한 하늘에
일필휘지,
사군자를 쳐볼까
수묵화로 그려볼까

눈 내리는 바다

공 굴리며 빚은 새알심
싸락눈으로 내리고

얄팍얄팍
수제비 뜨면
함박눈 되어 내린다

성난 파도에
끓어 넘칠까 봐
뭉텅뭉텅 떼어 놓고

숨죽인 기다림에
점점이 떠오른 다도해

어머니의 부엌

나 시집 올 때만 해도
어머니의 부엌은
반짝반짝 잘 닦여진 집기들이
며느리가 발돋움을 해야만 닿을
높은음자리에 있었다
며느리와 친숙해질 무렵
편안한 자세로
음자리가 조금씩 낮아지더니
키 작은 며느리가
편안한 자리에 올려둔 그릇도
굽은 등의 어머니에겐
높은음자리였던지
직립의 개수대를 외면하고
내동댕이치듯 자꾸만 바닥으로 내려앉아
욕실의 고무 대야와 마주앉은
접힌 수건이 올려진 낮은 플라스틱 의자가
어머니와 어울리는 편안한 풍경이 되었다

어느 봄날의 대화

내가 잡으면
찰랑대는 물결 소리도 낸다 아이가
국그릇, 밥그릇, 주걱, 국자
저네들 언제 한 번
흔들려 보노, 호강이제

하루에도 몇 번씩
뜨겁게 향기를 터시는
어머니의 왼손

병病 수발 며칠 하고
물집 터진 내 입술에선
단내가 났었고

그 단내 풀어 주시려는 듯
봄빛 좋은 날
하얀 쌀밥 고봉으로
퍼 주시려다 내는 소리,

어머니 왼손은
바람을 일으키네

징소리

지-잉 지-잉
제 몸속을 우렁차게 뛰어나와
한바탕 어깨춤 돋우다
저 끝 어디쯤
머물다 돌아오는지
찰랑찰랑
물결로 앉는 소리가
참 둥글기도 하구나

꽃 같은 사람

한 번씩 꽃 같은 사람이 보고 싶데요
소식 한번 전하지 못했어도
어느 날 갑자기 만나면
어제 만난 사이 같은 사람 있데요

어제 만난 사이 같은
사람에게는 향기가 나데요
그 향기 머금고 날마다
꽃 같은 얼굴이 웃으며 지나가데요

눈빛으로, 눈빛으로 아른아른
잊을 수 없는 추억을 풀어 놓고
그리움 달래는 마음 있데요

한 잔 술에 속내 풀면 허허롭게 떠날까
미안하다, 미안하다 되뇌면 괜찮을까
꽃으로 활짝 핀 시간에
세월이 너무 야속하데요

이 봄 가장 외로운 것은

훌쩍훌쩍 두 계절 뛰어 넘어
적도의 땅에 발 내린 지 한 달 반

꽃샘 추위 극성이지만 곧
매화 벚꽃 개나리 꽃망울 터질
봄이라는 그 곳은

한 걸음 뒤로 가 손 뻗으면
닿을 것 같은데
잡힐 듯 잡히지 않는 신기루 같습니다

귀가할 시간이 한참 지난
남편을 기다리다 문득
창밖 낯선 풍경에 아,
돌아서 꽉꽉 문 잠그고 불을 끕니다

이 봄 홀로 꽃 피울
꽃 피어도 외로울
두고 온 철쭉의 눈망울이
자꾸만 눈에 밟혀 뒤척이다가

가슴속 화선지 펼쳐 놓고 그린
먹빛 묵화 한 장 또
눈물로 번지기 전에 말리느라
오늘도 별빛이 되었습니다

국경을 넘는 일

누군가는 도피냐며 비아냥거렸고
또 어떤 이는 허파에 바람 들어
큰일 났다고 탄식을 했다

먼 길 가는 나에게
무수한 말들이 쏟아졌고
더러는 비수를 꽂기도 했지만
내 심지에 불 붙여
오기를 북돋으니 어찌 아니 감사하랴

세상에 끌려 다니는 사람이나
세상을 끌고 다니는 사람이나
마음 내릴 종착역은 한 곳

한 차례씩 퍼붓는 소나기에
떨어지는 꽃잎 보며 때론
어두워져도 그럴수록
내 가슴속 소나무는 더욱 푸르게 자라
이것으로 지팡이 삼고

잘 여문 햇살 이고 지고 갈
그 날이 오면
비로소 나 화답하리라
다 잘 되었다고

이라크 파병

아이들도 장전한 총이 있다는
총알이 날아다니는 곳으로
너를 보낸 후
뿌연 모랫바람이 들어온 듯
눈알이 까실까실하다

네가 떠난 하늘에
애써 웃다 굳어진 너의 얼굴이
크게 그려지다간 홀연 흩어져
그 흩어진 조각들 찾아 고모는
바람이 되고 싶었다

하지만 눈시울 붉어지고
가슴속 호수가 터지고야 말아
아무 것도 할 수가 없더구나

이제 사막의 별이 된
네 어깨 위에
총총 별이 뜨기를
별똥별 부스러기 한 점
사랑으로 머물길

해후하는 그날까지
기도하는 일 멈추지 않을께
사랑한다 승환아, 사랑하는 나의 핏줄아

까치둥지

참나무 꼭대기에 터를 닦고
공사가 한창이어요
까치네 식구가 불려나 봐요

날마다 몰라보게 부풀어
오늘은 봄맞이 애드벌룬처럼
높다랗게 두둥실

간밤엔 바람이 쓸고
아침엔 해님이 닦았는지
보송보송합니다

이제 오색바람 일면
알 깨고 나온 철부지 눈망울들
입이 째져라 아우성칠 거예요

* 2006. 제2회 바다문학상 동시부문 최우수상 수상작

국화

하늘을
파랗게 밀어올린
계절의 전령사

마음에 쏙 드는 향기에
손짓 몸짓 하나같이
맵시도 좋아라

맑은 웃음소리는
오순도순
더불어 사랑하는 마음

닮고 싶어
살그머니 다가서면
양지바른 곁 내어주며
어진 얼굴로 빙그레

첫눈

첫 번째 나들이 너무 수줍어
누가 볼까 밤새도록 사뿐사뿐

창밖에 펼쳐진 하얀 풍경
산도들도 자동차도 구름 같구나

바람에 채여 흩어지면 어쩌나
햇살에 쏘여 스러지면 어쩌나

훈훈해진 가슴 아침마다
소리쳐 손 흔들어주고 싶은데

산더덕을 찾아서

초가을 산에 오른다
적적하다

다소 벅찬 호흡을 땀으로 토하며
시각과 후각을 긴장시키고
깊은 산속으로 속으로

산山사람의 숙달된 수색이 시작된다

방향 모를 미풍이
그리운 향기를 싣고 오면
나는 습관처럼 담배를 문다

저만치 비탈 아래
삭정이 휘감은 조금은 색바랜 덩굴

여유

반가움으로 다가가서
한동안 잊고 있던 향기를 잡는다

비 오는 날의 단상

부슬부슬 비가 올 때면
함께 하고픈
사람이 있었으면 좋겠다

비포장 길을 따라
한참을 걷다가 지칠 즈음
강이 보이는 언덕 카페에서
한 잔의 커피를 마시며
편안하게 시공時空을 함께 할
아는 이 있었으면 좋겠다

딱 한 사람
친구라고 불리는
그런 이 있었으면 좋겠다

나의 이야기를 들어줄
마음이 따스한
그러한 이 있었으면 좋겠다

영혼의 소리

듣고 싶다
살아 있음이
더욱 그러하게 한다

소리 고파 울고
울다가 그리워하고
그리워하다 소리한다

살다가 가는 날
그날도 영혼의 목소리를
듣고파할 것이다

그 소리가
들리지 않을지라도
오늘처럼 이렇게
그리워하며 기다릴 것이다

그들의 사랑

당신은 하늘
내 마음 쉬는

나는 땅
당신 사랑 심는

하늘과 땅이
밀어를 속삭이는
공간 사이로

빛보다 빠른 사랑이 와서
노을보다 황홀한 꽃을 피우고
세상을 온통 반짝이는
별빛으로 물들여 놓았습니다

내 마음도
덩달아
뜨겁게, 뜨겁게 달궈집니다

마음의 문

내 마음의 번지수가 당신이라
시도 때도 없이
그곳을 드나들었습니다

다른 일에 열중해 있을 때도
마음대로 열고 들어가
이곳저곳 마구 휘젓고
소란을 피우기도 했지요

알아요, 그럴 때마다 당신 심장이
끓는 물처럼 부글거려도
함부로 화내지 않고
경계 없는 사랑 안에서
자신을 더 낮추던 당신,

아무도 대신해 줄 수 없는
내 사랑을 위해
문고리만 잡아도 알 수 있게
마음의 고리 살며시 당겨봅니다

먼 길

시린 계절 지나면 내 생에
행복해도 좋을 그날이 올까
고달픈 생의 자락 밟으며 도배하러 가는 길
고향집 마당에 가득하던 달빛을 그리며
낡은 신발 끈을 동여맨다
뼈가 달그락거리는 시간이 오면
서늘한 벽을 타고 흘러내리는 몸뚱어리
타인의 공간에 주저앉아 훔치는 눈물이
안쓰러웠던지 돌돌 말려진 벽지가 풀리며
꽃길을 열어 설움을 달래지만

가도 가도 끝이 보이지 않는 인생길보다
펼치면 꽃이 되는 벽지였으면 좋겠다고
납처럼 무거워진 두 눈 속으로
점점이 날아드는 꽃들이 궁전을 짓고
눈뜨면 사라질 환영이 두려워
꼭 감은 눈을 뜨지 못하는 두눈박이의 슬픔이여

수선화 피는 계절

영혼의 넋으로 피어난
고결한 수선화여

삶을 회상하며 고개 숙인
그 자태
어찌 그리 고운가요

샛노란 화관 쓰고
수줍은 듯 서 있는
가녀린 모습에서
어쩜 그리도 은은한 향
뿜어낼 수 있나요

아름다운 이 계절
이울기 전에

절정의 그대
그 황홀경에 취해
시향 가득한 심미안 하나
꽃피워 보고 싶습니다

모래 위에 새긴 흔적

부드러운 모래알이
발가락 간지럽히며
스멀스멀 빠져나가는
해변의 오후

파도가 나들고 간 자리에
빛을 발하는
수많은 사연들

나 이만큼 왔다
내 마음 이만큼 왔다 하고
모래톱에
애써 각인해 두지만

너울너울 물너울
물꽃으로 다가와
추억이란 이름만 남겨둔 채
그 마음
앗아가 버리는구나

가끔은, 바다를 닮고 싶습니다

먼발치에서라도
속울음 우는 내 맘 알아채고
너울거리는 품새로
한달음에 달려와 주는 당신

잔잔한 바다에
폭풍우 치고 해일이 일듯
어리석음과 집착으로
소용돌이칠 때가 있습니다

빈 마음으로
평범하게 살아간다는 것조차
힘겹고 서러울 때
당신의 위로가 필요합니다

아늑하고 포근한 그 품속이라면
가끔은,
잔잔히 흐르는 물빛 따라
내 삶도 그렇게
당신을 따라 흐르고 싶습니다

국화꽃 이불

광야 같은 세상 나그네처럼 살다가
한 사람이 갑니다

씁스레 웃고 있는 사진처럼
세상살이 또한 쓸쓸했나 봅니다

평소 다 드리지 못한 사랑을 후회하며
알싸한 국화꽃 향기를 나눕니다

묻히면 흙으로 돌아갈 몸
뭐 그리 아끼며 살아가는지
눈 감으면 수의 한 벌, 그뿐인데
뭐 그리 많은 것이 필요하냐
손 젓듯 웃는 아버지입니다

나그네 여행길의 피로를 잊고
가시는 그 길
덮어드리는 국화꽃 이불 아래
이제는 향기롭게 쉬소서

십자수를 놓으며

기다림의 끝을 헤아리며
색색 고운 실을 꿰어
한 땀 한 땀 수를 놓는다

수틀 위로 실오라기 한 올
지나갔을 뿐인데
새가 날고 나무가 자란다

바늘 끝이 닿을 때마다
기다림의 마법은 풀리고
새로이 깨어나는 세상

가끔은 한 가닥 실처럼 외길을 가며
엉키고 꼬이고 헤매기도 하지만
성급한 가위질은 말아야 하네

실뭉치 같은 삶의 숲을 헤쳐
한 점 한 점 이어가는 인생의 수틀,
기다림의 끝을 알고 싶을 때
가만히 수를 놓는다

봄꽃이고 싶네

봄 들판 당신 가슴에
꽃 씨앗이 되고 싶네

다정한 봄비의 속삭임에
눈 비비며 일어나는
개나리 꽃나무

차 한 잔
음의 선율
한 줄 책 속에도 있는 당신

삶의 길목 해진 솔기마다
별꽃 단추를 달아줄까

언제나
당신 가슴 향기롭게 해줄
푸른 설렘이고 싶네

제2부

은행나무집 남매들

한울안 한그늘에서 한솥밥 나누더니
이불잇 실땀처럼 멀찍멀찍 터를 잡고
한여름 더위 몰이하자, 앞세우는 강바람

맨발에 달음박질 풀어놓은 웃음보따리
고소한 금빛 깨알 무수히 쏟아내니
달님도 어울리고파 강물에 발 담그네

밤바람에 부딪는 댓잎소리 반주 삼아
달님의 고개 장단 노랫소리 정다워라
동기들 도타운 정에 강여울도 춤춘다

조영인 시인

《문예사조》 신인문학상 수상 등단
제1회 바다문학상 대상 수상
바다문인협회 부회장

공의식 시인

전남 순천 출생('54)
《모던포엠》 신인문학상 수상 등단
(현) 가림산업 대표

김용욱 시인

고려대학교 경영대학원
《한울문학》 신인문학상 수상 등단
강서 문인협회 회원
바다문인협회 회원

김성애 시인

《문예사조》 신인문학상 수상 등단
제7회 난고문학회 시화전 출품
시집 《강물 위에 띄운 편지》 공지
바다문인협회 회원

김경숙 시인

《신문예》 신인문학상 수상 등단
바다문인협회 회원
제2회 바다문학상 최우수상 수상
시집 《홀로 젓는 스푼》

이정석 시인

《문예사조》 신인문학상 수상
제7회 바다문예대전 시부문 입상
서울매트로 초청시화전 출품
(주)정석타워 이사

남여울 시인

《문학세계》 신인문학상 수상 등단
바다문인협회 회원
제7회 김삿갓문화큰잔치 시화전 출품
시집 《향기 나는 편지》 외 다수 공저

박성락 시인

2006년 《공무원문학》 봄호 시 당선 등단
2007년 《한울문학》 3월호 시 당선 등단
국민일보 시 게재(06.2.23)
(현) 육군사관학교 재직(서기관)

이현숙

경남 하동 출생 (60년)
제5회, 제8회 바다문예대전 우수상 수상
시집 《향기 나는 편지》 외 공저 다수
(현) 바다문인협회 회원

한벽당에서

한벽당 옥빛 물 아래로 흘러 흘러
무엇이 그리 흥겨워 콧노래도 쉬임 없이
돌부리 부딪힐 때마다 돌아갈 줄 알더라

학 다리 할아범은 담배를 피워 문 채
부러진 낚싯대에 한 도막 지렁이 꿰어
돌 틈새 기웃거리며 귓밥 후벼내 듯하신다

한 마리 산메기에 환하게 펴지는 주름
몇 마리 낚아 올리면 집안에 웃음꽃 필 걸
그 무엇 부러울 게 있으랴 한 냄비면 족한 삶

* 한벽당寒碧堂 : 전주 8경의 하나

백목련

가지 끝
매운 바람에도
도톰해진 볼살 좀 봐

이 봄도 머지않아
흰 봉오리 방싯 피면

어머님
모시옷, 쪽 찐 맵시로
하이얗게 웃으시리

은행나무집 남매들

한울안 한그늘에서 한솥밥 나누더니
이불잇 실땀처럼 멀찍멀찍 터를 잡고
한여름 더위 몰이하자, 앞세우는 강바람

맨발에 달음박질 풀어놓은 웃음보따리
고소한 금빛 깨알 무수히 쏟아내니
달님도 어울리고파 강물에 발 담그네

밤바람에 부딪는 댓잎소리 반주 삼아
달님의 고개 장단 노랫소리 정다워라
동기들 도타운 정에 강여울도 춤춘다

등대

밤이면 밭일을 마치고 돌아오는
아버지의 발 씻는 소리가 들리고
호롱불 들고 나서는 어머니처럼
불을 밝히고 마중하는 등대여

한낫을 둘러메고 바다만 바라보며
낚시 떠난 아들을 기다리는 엄마처럼
달려오는 파도에 애끓는 마음 던지고
잠도 들지 못하는 등대여

바위로, 바위로 부딪치는 파도야
육지로, 육지로 눕는 바람아
너의 손끝 닿을 적마다
주름지며 깎이는 살갗이 있구나

사람들은 너를 보며 즐거워하는데
벽돌로 쌓고 바위로 친친 동여매어
상생의 손처럼 하늘을 향해
소원 비는 어머니 같은 등대여

연어

강원도 인제군 산북천 계곡으로
기생보다 더 화려하게 치장을 한 여인이
찾아 들고 있소
태어날 때 어미는 죽고 세찬 물살에 떠밀려
고향마저 떠나 세월이 키웠는지 바다가 키웠는지
처녀가 되어 돌아오는 고향땅이라고 했소
그녀는 골목 같은 시냇물을 따라
기억조차 나지 않는 기억 속으로 간다고 했소
젖 냄새 풍기던 어머니의 고향도 바뀌고
뒤바뀌고 또 바꿔서 바뀌지 않은 고향으로,
천 번도 더 들락거렸을 고향이라 간다고 했소
고향이 가까워질수록 가장 화려하게 꽃단장 하고
어머니처럼 색色을 팔러 간다고 했소
색色이 아니라 생生을 마치러 간다고 했소
아무도 돌보지 않는 그곳에서는 아이가 태어나고
만장挽章이 휘날리고 있소
고향엔 연어처럼 어머니가 둥둥 떠다니고 있소
아니 바람 같은 아이가 어머니를 찾고 있소

지하철

사랑을 실어야 했다
그렇다고 연애쟁이는 아니다

굴을 파야만 했다
그렇다고 두더지는 아니다

사랑을 싣고 굴을 파고
지네 같은 마디마다 태우고 내리고

발써 익은 굴속을 달려가고, 달려오고
일 년의 절반은 밤이라고 했던가

밤의 절반은 잠을 잔다 했던가
오직 그때만 바람 없는 바람이 지나간다

오로지 그 때만 바람 없는 바람과
삶이 없는 사람이 지하철에 앉아서

달리고 눕고, 눕고 달리고
어제와 오늘 사이를 서투른 발씨로 달린다

모정母情

이기자,
우렁찬 함성
잠든 동녘을 깨우면

세상이 열리고
젊음이 용솟음치고
믿음직한 각오들,

사나이가 흘리는
이마에 굵은 땀방울
계급장에 거뜬히 적시고

부모님께 더욱 효도하는 게
전역 후의 꿈이라는
미더운 말 한 마디

훌쩍 커버린
놓이지 않던 아들을 꺼내서
눈물 범벅된 아내의 예쁜 볼

해후

구불렁거리며 돌아 누운 그 길에는
땀내 배인 바람이 길가에 누워 있었다

한 번도 길게 떨어진 적 없어 안달했던
몰려온 살붙이 생각에 걱정 반 설렘 반

손꼽아 기다리며 군인을 만나러 온
우리 내외의 눈길은 벌써 산을 넘었다

언젠가 발바닥이 부르트도록 걷던
그 길에 내 피붙이의 살내음이 달려왔다

영화 필름을 열두 바퀴도 더 돌린
우리들 하룻밤 살냄새 진한 이야기

아들놈 눈빛에 꼭꼭 다져둔 안부를
트렁크에 넘치도록 담아 오고도

간밤에 돌린 영상이 자꾸만 또 돌아
철모 속 고운 얼굴만 눈가! 에 뱅뱅 돈다

난꽃

뿌리에서 끌어 올린
마지막 한 줌 외로움까지

눈물처럼 예쁜
꽃으로 피어나고 싶어

옷고름 헤친 알몸으로
심중에 머금은 하늘빛

향기 짙은 그리움만
볼 끝에 매달았다

태교胎敎

벌거벗은 채 엄마는
거센 바람 속에서 의연히
태교를 하고 있다

아침마다 엄마는
떠오르는 태양에게 기도한다
연둣빛 살결로 태어날
아기들을 위하여

낮이면 엄마는
파아란 하늘을 가슴 가득 품는다
티없이 맑은
초록 아이들을 소망하며

밤이 오면 엄마는
자장가처럼 속삭인다
너희들도 건강하게 자라
넉넉한 그늘이 되렴

온 겨울 내내 엄마는
태아를 고이 품고 서 있다
가없는 사랑으로

점령

아주 치밀한 계획이었군

함께 모의한 건 지난 겨울이랬지
아마

은밀히 내통했나 봐
시기를 가늠하고 있던
나무와 풀잎
기세도 참 당당하여라
어느새 아파트 주변 길섶까지
짙푸르게 뒤덮었네

바람의 지지에 고무되었나 봐
한층 더 현란해진
저 몸짓
내 마음마저 기어이
점령하고 말았네

나팔꽃

창살에 매달려
밤새도록 기다렸지
남모르는 사랑

색소폰으로 연주한
세레나데
샛별에게 고백한 거야
절절한 마음

용미리에서

1층 14호실 37XX번
살아서 가졌던 주민번호보다
더 짧고 간단한 수인囚人번호를 가졌다

잔뜩 눈동자를 부풀린 여름 태양이
들풀의 억셈을 부추기는 오후
제례실 제단에 팔을 걸치고
낮술을 마시는 젊은 아낙과
연신 눈자위를 찍어 나르는
초로의 신사 한 사람이 서성이는
평일의 공원묘지 납골당
절름거리는 생을 살다간 그분의 유골 앞에
보라꽃 화환을 사진 위에 걸어두고
흐느낌을 생략한 채 맑은 술을 권한다
보고 싶다 한번 다녀가라는 말 대신
물끄러미 얼굴만 바라보고 돌아서던 꿈속
이생에 못다 푼 인연의 고리
누구의 무엇으로 어떻게 왔다 가더라도
내세에 다시 만나 악수할 수 있다면
착한 미소 다감한 인사 넉넉하게 내어주련만
내내 내려가지 않던 체증처럼 답답했던 마음이
팔을 괴고 누운 봉분 위의 햇살과
잎 무성한 벚나무에 이는 바람 끝에 하냥 싱그럽다

파장

쓸쓸한 내 아버지는
숨이 막힐 때마다 전당포 창구에
지전을 건네고 한 마디씩 숨을 뱉어내어야만 했다
호락호락한 세상 뭇 사람들의 바짓가랑이 사이로
해가 뜨고 달이지는 세월을 넘어
아버지의 몸에서 불침번을 서던
고양이 오줌 같은 누런 절망이 빠져나갈 무렵
결국은 참고 있던 숨을 한꺼번에 몰아 쉰 댓가로
세상의 언저리에서조차 비껴서 있어야만 했는지 모른다
올망한 자식들 그 붉은 눈동자를 쓸어안은 채
이는 노을
장이 파한 신작로 맨 가장자리를 향해
쓸쓸한 발걸음을 내려놓았는지 모른다
언제라도 충분히 약해질 준비를 하고 사는 우리는
허리춤을 움켜쥐고 호통을 치는 시간 앞에
실신할 듯 애걸하며 살고 있는데
바람이 머문 장터
봇짐을 꾸리는 장사꾼의 속옷을 헤집는
몇 장의 지전 내음이 뱃속을 가득 채우는 늦봄
내 가여운 아버지는
팔고 남은 배춧단 속 애벌레처럼 숨어 숨어 떠나야만 했다

인연

누웠다 일어서는 것은
전생에 지은 허다한 죄의 원심력
풀어헤친 머리 위로
굶주린 저녁 새가 목청을 높이는데
여태도 못 잊을 첫사랑의 입맞춤
바람은 쉼 없이 강가를 배회한다

속살거리는 강줄기 따라
옷고름을 푼 달이 가슴을 허락해도
이생에서 맺을 수 없는 목 메인 인연
누웠다 일어서고 또 다시 드러눕는
바람과 억새의 엇갈린 열정
눈물은 별이 되어 어둠 속에 걸렸다

크레인 작업

마무리 서두르는 건설 현장에
덩치 큰 대형 크레인이
들어와 힘찬 엔진소리를 내며
현장을 시끄럽게 한다
크고 무거운 중량물을 들어서
단숨에 20층에 올려놓는다
무겁기도 하련만 무겁다는
말 한마디 짜증도 없이
시원스런 작업을 하고 있다

지하 5층에 덩치가 큰 두 개의
무거운 발전기를 넣고 나서는
이동 준비를 서두르고 있다
큰 중량물을 높은 곳에 올리고
내리는 데 능력을 발휘하는
지상 장비 크레인
너는 정말 힘이 센 장수로다

보고 싶다

갈바람 부는
여울 빛 물결 속에서
아스라이 떠오르는
고운 임 모습

호수에 거꾸로 비치는
단아한 모습에 재두루미가
조용한 내 마음속에
잠자던 그리움을 불러낸다

물결 위에 고운 임
너울춤을 추며
예쁜 모습으로 왔다가
물결 속으로 흩어지는 아쉬움이
더 짙은 보고픔을 만든다

내 사랑 고운 임
멀리 떨어지고 보니
흘긴 미운 눈망울까지도
보고 싶다

대청봉 일출

산들이
힘차게 숨을 내쉬며
내 발밑에서 꿈틀거린다

짙은 안개 속에 감추어진 신비가
서서히 베일을 벗고
구름을 헤치고 나온다

장엄한 공룡능선
험한 산자락이
한걸음 앞으로 다가선다

늦잠이 부끄러운 듯
얼굴을 붉히며
동해의 푸른 바다의 힘을 모아
솟아오른다

창밖에 봄

처마밑 지푸라기 둥지에
빛바랜 깃털 하나
마지막 바람이 묻어 아프게 떨리고 있다

햇살 층계로 눈부신 봄은
내려오고
막 터지는 목련꽃 흰 웃음
겨우내 묻어둔 꿈들이 뒤척인다

어디선가
스스로 밧줄 푸는
동그란 물소리
낮게 흐르는 유순한 바람소리

한 평 뜨락은
새 혓바닥 같은 잎새를 내밀고
나는 비로소 입덧을 시작한다

하늘

끝내 알 수 없는
서러운 내력이
뒷짐 지고 쉬엄쉬엄
산 넘는 봄날

속 깊이 박힌 옹이
질긴 삼줄 감을 적엔
한 조각 하늘도 보이지 않더니

목메인 그늘마다
통곡으로 열리는
짙푸른 사위

결리고 쑤시는 이승의 날개
뭉게구름 송이송이 무명실 잣는
민들레 노란 시름
할매 무덤가

풀밭에 누워 듣는
소인국의 이명
시간도 벗고
시름도 벗는다

바람이 되고 싶어요

별이 뜨네요, 어머니
개개비 시끄러이 울어대던 갈대밭에
저녁이 물들고
하룻내 풀어버린 그리움도
탈진된 지금
이대로 돌아가도 될까요
애절한 마음 한자락
남겨놓고 갈까요

어디 메서 외로울 영혼의 기억
어둠으로 또렷해지는
밤이 싫어요

역마살로 떠난 그가
길을 잃은 것은 아닐까요

바람이 되고 싶어요 어머니

눈꽃도 눈꽃이지만

정원에서
푸른 겨울을 뽐내던
소나무에
하이얀 눈꽃이
활짝 피었다

찬바람도
햇살도
빗질하러 왔다가
참 아름다워
그냥 스쳐 간다

젖 먹는 힘으로
꽃 피운 솔가지
이젠
힘에 겨워
화살처럼 휜다

눈꽃도
눈꽃이지만
안쓰러워 털어주니
휴! 살았다!
휘청 인사한다

섬진강 사계

생명이 움트는
마파람 속에
섬진강 벚꽃 향기 발하면
악양천 다시 흘러
파란들에 싹트네

길손도 쉬어 가는
정열의 태양 아래
섬진강변 박꽃 만발하면
악양천 멱감는 아이들
더위를 식히네

오곡이 익어가는
하늬바람 속에
섬진강변 단풍 달빛에 물들면
악양천 황금 들녘
허수아비 춤추네

살갗 헤는 삭풍 속에
섬진강 은빛 물결 흐르면
악양천변 초가마다
굴뚝 연기 솟아나네

동백꽃

엄동설한에
살며시 고개 든
동백꽃
긴긴 세월 가슴앓이
그 사랑 향기가
내 코끝을 간질입니다

갈봄 여름
피고 진 꽃보다
아무도
찾는 이 없는
차디찬 해변가에서
진한 정열로 피었습니다

저리게, 저리게
동백꽃 꺾어
기름진 내 가슴에
꼭꼭 심어두고
물 주며 속삭이며
불타는 사랑으로 가꾸겠습니다

그대 향기 발하소서

어머니와 소금 항아리

신혼살림을 시작할 때
둥근 생각을 담아
모나지 않게 살기를 바라셨던지
시어머니께서는
가풍과 연륜을 가득 채운
항아리 몇 개를 내주셨다

세월에 부대낀 건
당신 얼굴의 주름살만이 아니었던지
밀폐 용기와 김치 냉장고에 밀려
속이 텅텅 비어
베란다 구석에서
공명을 키우던 그 항아리 속으로

마흔일곱에도 다 삭혀내지 못한
내 안의 거친 목록들과
저 넓은 바다에도
다 풀어놓을 수 없다던
어머니 만삭의 한을 소금에 재웠더니
빙점의 눈물 머금었었지

백 원의 가치

대형 할인매장에 들어서면
어깨 위로 내려앉는 관습의 중력
으레 은빛 동전 하나로 짐꾼을 부린다

내가 처음 본 백 원짜리 동전은
좌우로 몇 번 돌려서
번호를 잘 맞춰야 열리곤 했던
철재 캐비닛 속이었다

이장일을 보셨던 아버지
처음으로 나온 새 동전을
동네 사람들에게 나눠주기 위한 것이었지
하얀 호기심으로 몰래 열어 본 금고 속에는
작은 바구니 가득 은빛 반짝임이 빛나고 있었다

오늘도 지구 어디에선가
30여 년 전 수북했던 백 원 가치가
한 조각 빵이 되어 풀어진 눈망울들에
생명이 되는 너

첫사랑

꽃기별 앞세워 날아든
한 통의 전화,
벚꽃처럼 활짝 핀
분홍빛 마음으로
벌떼가 잉잉거리고 있다

창백한 소녀,
청보리밭 북을 돋우며
어설픈 괭이질로
한 소년에게
마음을 돋우던
유년의 순수 한 조각,

세월의 뒤척임으로
숭숭 뚫린 가슴이라
비록, 다듬이 소리
낼 수는 없었지만
홍조를 띄기엔 충분했다

속내를 보여줄 수 없던
먼 눈길,
얼굴 붉히곤 했던
고향 청보리 밭에는
지금도 내 첫사랑 서성이고 있을까

제3부

벼랑에 선 소나무처럼

애초에 잘못 내린 자리
탓도 굴함도 없이
휘고 굽은 앉은뱅이 모습으로
벼랑 끝 허공에다 펼쳐낸 몸

천둥번개 폭풍우 휘몰아쳐도
그 자리 그대로 푸른빛 한결같이
바위틈에 발을 묻고
꿋꿋하게 버티고 섰다

떠오르는 태양에 걸은 소망
의지로 다지고
낙조의 가르침을 가슴에 새겨
사시장철 변할 줄 모르는가

탈 많고 고달픈 삶일지라도
벼랑에 선 소나무처럼
세차고도 부드러운 해풍을 즐기면서
굴절 없이 한 길을 살고 싶어라

김한주 수필가

제7회 바다문예대전 시부문 입상
06년 서울매트로, 도시철도공사 초청시화전 출품
시집 《내 허락 없인 아프지도 마》 공저
(현) 바다문인협회 이사

김호동

경북 의성 출생
제7회 바다문예대전 최우수상 수상
시집 《강물 위에 띄운 편지》 외 공저 다수
(현) 바다문인협회 회원

이용희

바다문인협회 회원

김순화

1953년 대구 출생
현대 MOBIS 대리점

박숙경

경북 군위 출생
바다문인협회 회원
서울메트로 초청시화전 출품
공저 《강물 위에 띄운 편지》

이영숙

충남 당진 출생('66)
(현) 바다문인협회 회원

조태형

경북 영주 출생
(현) 바다문인협회 회원

이철호 시인

광주광역시 출생
《대한문학세계》 신인문학상 수상
등단
창작문학 예술인협의회 기획국장
(현) 공무원

곽정순

인천 출생('57)
(현) 바다문인협회 회원
(현) 수지문학회원
수지문학 《시와 수필》 외 공저 다수

벼랑에 선 소나무처럼

애초에 잘못 내린 자리
탓도 굴함도 없이
휘고 굽은 앉은뱅이 모습으로
벼랑 끝 허공에다 펼쳐낸 몸

천둥번개 폭풍우 휘몰아쳐도
그 자리 그대로 푸른빛 한결같이
바위틈에 발을 묻고
꿋꿋하게 버티고 섰다

떠오르는 태양에 걸은 소망
의지로 다지고
낙조의 가르침을 가슴에 새겨
사시장철 변할 줄 모르는가

탈 많고 고달픈 삶일지라도
벼랑에 선 소나무처럼
세차고도 부드러운 해풍을 즐기면서
굴절 없이 한 길을 살고 싶어라

애벌레의 꿈

청학동 오일장 장터 어귀에
부러진 우산으로 하늘 가리고
착살스레 자리 편 합죽할미 채소전

벌레 먹고 못난 배추 수북하게 쌓아놓고
땀 절은 손으로 배추벌레 굴리며
무공해 채소라 너스레 떤다

넉살 좋은 할미 얄팍한 상술에
넋을 잃고 저버린 꿈 너무 딱해서
근근이 챙겨온 애꿎은 어린 생명

날마다 내 작은 텃밭에서
우화등선의 꿈을 키우고
언젠가는 나비로 날아오를까

* 청학동 : 부산 영도 소재 동네 이름

변종 국화

괴상한 고사목 가지 따라
철삿줄로 감긴 채
굽히고 꺾이며 자라난 줄기마다
탐스럽게 피워낸 꽃송이

어느 예식장 입구에서
기이하고 이상한 자태의 성형미로
뭇사람의 사랑을 독차지하며
꿈같은 나날 보내다가

찬바람 시린 어느 날
썰렁한 거리로 밀려나와
서릿발 돋는 서러움에
불현듯 떠오른 오상고절의 본성

꽃잎마다 찬이슬 받쳐 들고
깊어가는 가을 들녘에 풍겨내던
별빛보다 더 고운 정취
그 옛날의 순수함을 그린다

경정 바다의 파도

검게 탄 주름 깊은 얼굴들이
닻을 내리고,
두리함지박 속의
펄떡이는 청정 바다가
때꾼한 아침으로 다가온다

저 멀리 붉은빛 바다에
이 마음 닿을까
질곡의 해연海淵을 건너
쉼 없이 달려온 조가비
모래 위에 누웠다

등심선을 넘어
파선破船의 울음 같은
젖은 목소리로 달려와
바위 높이로 올라타는 물보라,
하얀 포말을 일으키며
아름다운 연흔을 남기고
밀려가는가

폐가廢家

행랑채 지붕 위, 고개 숙인 가을 햇살
야트막한 여맥을 부여잡은 금빛 강아지풀
쓰러질 듯 흔들리고
밤새도록 울다 지쳐
마당에 쓰러진 창백한 지창紙窓을
힘없이 바라보며
문간채로 들어서는 쓸쓸한 빛줄기

허물어져 내린 지붕 위 홍두깨 흙
세월의 무게로 주저앉고 있다
데퉁스러운 바람은
낮게 드리워진 태양의 여열을 밟고
사랑채 창호지 문에 비스듬히 기대어 펄럭이고
부엌 앞바닥에 힘없이 떨어진 막새는
상량의 기쁨으로 펄떡이던 회상을
조용히 안고 누웠다

무너져 내린 목골사이로
핏발 선 바람이 싸늘히 지나가고
언뜻 보이는 창백한 낮 달,
목마른 우물은 큰 입 벌려 하늘을 마시고
정화수 떠 놓고 행복 빌던 장독대엔

여인의 여흔餘痕이 엎드린다

앙상한 앵두나무 조용히 귀 기울이면
대문을 활짝 열고
아득히 달려오는 분주한 기억의 웃음소리

고향 단상

동네 휘돌아 흐르던 개울의 둑엔
허기진 소년의 저녁거리 늙은 호박이 뒹굴고
측후소 앞 기온 측정기는 동네 꼬마들 장난감이었다

경운기 부품은
왜 그리 구하기 힘들었던지
꼬부라진 연결봉에 위태롭게 달려가던 경운기 수레

기를 쓰고 올라타던 허강이란 죽마고우는
강원도 어디 산다는데
언제나 만날 수 있으려나

오늘
옛 정취 간데없고
아파트 숲으로 변해버린 그곳에
이제는 세무서가 들어서서
어린 시절 추억을 징수한다

가족 추억

어릴 적
난감하기만 하던 미술숙제
밤이 깊어 졸린 나는
잠이 들고
숙제 떠맡은 형님은
밤늦게까지 끙끙거리며
내 숙제 하고

신나게 놀다 뚝 떨어져버린 성적표
아버지 꾸중이 두려워 침 묻혀 지우려다
뚝 떨어진 침방울에
감쪽같이 하려던 성적위조 작업 몽땅 망쳤을 때도
최선을 다해 위조해 주던 형님

동네 형에게 두들겨 맞고 엉엉 울어댈 때
용감하게 복수에 나서 코피 나게 패준 용감한 우리 누님

형들의 헤픈 씀씀이에
애써 모은 용돈으로 고리대금 하려다
번번이 떼이기만 하던 착한 막내 동생

가족이 아니면 이런 추억 어찌 남으리
두고두고 무덤까지도 웃으며
가지고 갈 어릴 적 끈끈했던
가족 추억

삽우

삭막한 도시의 끝자락
마지막 남은 녹색지대
아니 녹색의 시작인
야산에 비가 내린다

소나기처럼 갑작스런
그러나 결코 서둘지 않는
빗줄기에 고운 바람 불어
갈잎 위로 흩뿌리고

그리운 얼굴 하나
나무 위로 지나가며
사무친 내 가슴에
아름다운 눈물 떨군다

그래
분명 너일 거야
사막 같은 내 가슴에
삽우 내리게 할 이는

시詩

붉은 단풍잎 공중제비 돌며
무작정 뛰어내리는 공원 벤치 한 귀퉁이에서
바람이 뒤적이다 만
그대를 만났다

현실의 먹구름 속에서
천둥번개 치며 다가온 늦깎이 사랑
소나기 퍼붓듯 내 가슴
흠씬 적시더니

가까이 한 발 다가서면
어느 먼 이국땅에서 찾아온 이방인처럼
괜히 낯설게만 느껴져
가던 걸음 멈추고
뒤돌아서 울고 싶은 마음뿐이다가

이젠 시나브로
메마른 가슴에 싱그러움 불어넣으며
때론 영혼의 배냇짓까지도
서슴지 않고 연출하게 하는구나

숲으로 난 길

붉게 물들기 시작하는 숲으로
마른 잎 밟는 빗방울 소리
그 소리 가운데 할 말 못하고
나를 향해 다가오는
발걸음 하나 감지하고 있습니다

어느 순간 불쑥불쑥 뛰쳐나와
나를 끌어당기는 듯한데
뒤돌아보면 휘어진 가지들만
늘어져 있을 뿐

곧게 드리운 장대비 워터스크린에
먼지떨이 같은 억새꽃 물결치는 샛길로
나를 향하여 달려오는
그대는 누구입니까

겨울 개나리

아지랑이 아롱거리는 봄날
환한 모습으로 피어나
천지 사방으로 봄소식 전해야 할 네가
무슨 할 말 있어 눈 틔우며 깨어났을까

그것은 아마 푸근한 날씨
간질이는 겨울햇살에 속아
서둘러 빗장 풀고
노란 옷 갈아입었을 테지

선잠 깬 동장군 휘두르는 칼바람에
벌린 입 다물지 못한 채
초주검으로 흰 눈 속에서
눈물인지 흘리는 너를 보며

나 역시,
피고 지는 때를 생각한다

감포 밤바다

영문도 모르는
등대 불빛 네 개의 번쩍거림
네온 빛으로 분장을 시작한
횟집들 사이로
하나 둘 수은등 켜지고

검푸른 바다는
저 멀리 지는 핏빛 놀 단숨에 삼킬 듯
선명하게 그려진 조각달과
정겹게 어우러져
한 폭의 풍경화 같아

비릿한 갯내 코끝 자극하는
갈매기 한 마리 어둑해져도 바다를 누비는데
만선을 기다리는
노란 플라스틱 통들
나란히 줄을 서는 곳

은빛으로 뛰어오르는
작은 물고기처럼
젊은 연인들의 어깨 기댄 모습
새삼 부러운 포구의 밤
내 눈 붉히며 깊어만 가는

다부원에서

병풍처럼 두른
유학산 골짜기마다
붉디붉은 젊은 피
뼈아프게 스민 자리

같은 하늘 아래
같은 땅
다 같은 민족인데
무슨 이유로 총부리 마주하고
피의 절규로 한 맺히게 하였는가

아군이면 어떠하고
적군이면 또 어떠리
바람은 저리도 자유로운데

된바람에도 옷 여밀 틈 없이
어디 가도 오도 못하고
미처 눈감지 못한 어린 영혼
이제 훨훨
영원한 고향 찾아 편히 잠드소서

꿈을 찾아서

마라톤과 같은 내 인생의 반환점
분명히 찍고 싶지만
지난 시간 뒤돌아보면 꿈만 같다

어지럽게 내둘린 삶의 테두리에서
가슴 생채기 하나하나 굳은살로
석양빛에 별처럼 돋아날 무렵에서야

젊은 날 꿈꾸었던 작은 소망 하나
이젠 놓치고 싶지 않아
꿈틀거리는 눈빛까지 고이 보듬어본다

추억 속의 길

자욱한 안개 속 걸어가듯
추억의 흙먼지 휘날리던 신작로
미루나무 춤추던 저수지 둑길 따라
오고 간 육 년 세월

도중에 고목이 된 홰나무
땀 식혀주는 쉼터 되고
마을 어귀 큰 과수원 앞 지날 때면
상큼한 향기 진동한다

흰 옷깃 빳빳하게 달린 검정 교복 입고
영어 단어 암기도 하며
김춘수 시인님의 꽃 읊조리다가
음악교과서에 나오는 가곡 부르기도 하면서
단발머리 나풀거리며 걸어갈 때

자전거 타고 휘파람 불며
짓궂게 지나가는 까까머리 남학생들
뒤돌아보고 눈 마주쳐도
아랑곳하지 않고 고개 숙인 채
사뿐사뿐 앞만 보고 걸었던 날들

유전

꼬챙이처럼 길쭉한 가운뎃손가락 셋
통통하고 짤막한 엄지손가락
누에 모습을 한 새끼손가락

더러 이렇게 생기면 재주 많다고 해도
내겐 위안이 되지 않았지
언니 둘, 남동생과 달리
나와 오빠는
인자하셨던 할머니 닮은
아버지를 빼닮았지

어지간해선 목소리 높이는 법 없이
잔잔한 미소로 조용조용 말씀하셨고
명절 되면 단정하게 차리시고
다과를 분배하여 주시던 할머니

아마 천상에서 보고 계시겠지
아버지는 마음 쓰시는 것도 똑 할머니 같으시고
오빠는 아버지를
유년시절 가리고 싶었던 것이
지금은 귀엽고 사랑스러운 이유는
그 모든 걸 내가 본받고 싶기에

새벽을 열며

어둠이 채 가시지 않은 창가로
슬그머니 다가가 밖을 내다보니
가로등 불빛 하얀 눈 위를 비춘다

사방이 빙판으로 변한 놀이터
그래도 미끄럼틀 옆에서
운동하시는 분 여전히 보이고
헤드라이트 켠 채 삶의 현장으로
트럭 한 대 빠져나간다

십구 층 창가에서
하루를 먼저 시작하는 모습들 내려다보며
밝은 미소로
누구에게나 기쁨 주는 하루가 되기를
기도하는 오늘

유난히 더 크게 내 마음을 울리는
자명종 소리

강아지가 좋아하는 내 친구

전생에 너는 강아지 어미였나 봐
그토록 살가운 몸짓으로
흰둥이가 반기는 걸 보면

좌로 두 바퀴 우로 세 바퀴
머리는 왼쪽 엉덩이는 오른쪽
비틀어 돌기 두 바퀴 반
어느 체조 요정도 애교 만점에다
저런 묘기 부릴 수 있을까

점심 거르는 이웃집 석이 도시락도 싸주고
언덕 위 홀로 사는 몸 불편한 할머니
물 데워 고무 통에 몸 담가놓고
정성껏 씻겨주며 말벗 되어주는
그 마음 엿보았나 봐

살아가는 동안 먹빛 가슴은
남몰래 흘리는 눈물로 한 점씩 지워버리고
작은 소망 짬짬이 꽃피워가는 너를 보면서
이제는 삶의 어떤 파랑에도
덤덤히 헤엄쳐가리

자판기

어둠이 깨어나는 시린 새벽녘
버스정류장 은행나무 아래
그믐 달빛 받는 그가 서 있다
오목한 입은
살며시 넣어준 오백 원 삼키고도
아무 반응이 없다

아랫배 툭툭 치며 투덜대다가
무심코 호주머니 속 동전 찾아
움켜쥔 손 들여다보니
학 한 마리
환하게 푸드덕 날고 있네

상기된 얼굴 발간 볼 만져주니
커다란 덩치에 자르르 밤색 웃음 흘리며
괜찮아, 내 발 옆 돌 틈에 짓눌려
찬바람에 흰 수염 날리던 민들레도
겨울 나면 다시 꽃을 피우잖아

갑자기 듬직하게 다가오는 모습
힘껏 품은 삼각산 위로
아침 햇살 솟구치며 팽팽히 되살아나는
내 삶의 한 자락

슬픈 종점

추적추적 가을비 서럽게 내리던 날
저승길 먼저 보낸
바람났던 여편네
미치도록 그리운 밤

열사의 나라에서
부푼 꿈으로 귀국하여 둥지 찾던 날
노모와 두 눈 퀭한 아들이
맨발로 뛰쳐나와 눈물 흘릴 때
시퍼런 분노가 어설픈 백정 되어
한판 춤추고는 천둥처럼 늙었지

밤새 흐느끼는 피울음
담장 밖
느티나무 가지따라 허공으로 흐르고
세상에서 가장 짧은 밤이 지나자
고단했던 수인표 조용히 사라진다

창살 밖 저 멀리 청계산 단풍이
몸 뒤적이며 울고
까마귀 한 마리
까—악 까—악

어둠이 내리는 밤에

고요가
머문 산골 어둠이 밀려오고

파란 하늘
까맣게 물드는 시간이면

고개 마루
기어오는 하얀 달빛이

너무도
아름다워 당신을 그립니다.

까만 밤
하늘가엔 은하수가 수를 놓고

별들이
초롱초롱 속삭이는 시간이면

창가에
흐르는 하얀 별빛이

너무도
고와서 임 마중 나갑니다

함박눈

흐르는 달빛 따라
창문을 열어보니

함박눈 송이송이
소리 없이 내려앉아

드러누운 가지마다
눈꽃이 활짝 피고

까만 밤을 하얗게
물들여 놨습니다

어디서 왔을까요?
어여쁜 눈꽃송이

활짝 웃는 모습에
너무도 눈이 시려

사랑도 그리움도
하얗게 지우고서

당신의 가슴에
얼굴을 묻습니다

상사화

그리워도
그립다 말하지 않을래요

보고파도
보고 싶다 말하지 않을래요

천년을
하루같이 기다려온 세월

타버린
가슴속엔 안개비 내리고

바람에
흔들리는 내 마음 같아

보고파도
볼 수 없는 슬픈 운명에

오늘도
쓸쓸히 비를 맞으며

슬픔에
젖어 길을 걷는다

기차를 타고

도시를 떠나
기적소리 잦아드는 그곳으로 가야겠다

언젠가 와 본 듯한 간이역
차창을 스치며 겹쳐 지나가는 무쌍한 계절 뒤에
아스라한 철길 저편의 퇴색해 버린 잔상들은
이제 낡은 앨범 속에 가두어야지

평행선의 레일 위에
심장의 고동처럼 움직이는 힘찬 바퀴
다시는 바래지지 않을 생을 넘어
무색계無色界로 가는 황혼의 정점頂點에서

산야와 더불어 나래 깃 펼쳐 내는
담채淡彩의 뜰
소박한 그곳으로 가야겠다

바다를 사랑한 그대

대양을 향해 가는 마도로스를 따라
만국기 펄럭이듯 갈매기 나르고
정제된 탄화수소류의 힘으로
물 곬 내며 힘차게 가는 함선
땀방울 녹아들었을 바다의 결정체가
뱃전에 뽀얗게 부서지며 일어난 물결들이
백사장으로 밀려 든다

연어의 본능으로 꿈틀대며
갈망의 밤이 깊어지면
면사포 닮아 하얀 커튼 사이로
그녀의 가녀린 모습 보이는것 같아
타국의 그림엽서
깨알 같은 꿈으로 찍어 놓았다

흔들바람 불어
물보라 나부대는 이 밤
뱃머리 등불 켜고 천리인 듯 달려와
해풍에 그을려진 미간을 펴고
안도의 숨을 쉴 때
따사로운 그녀의 품속같은 포구는
등대불 환한 빛으로 기다리던 망부석

사과나무의 애상哀想

아버님이 심어 놓으신 나무
튼실하게 맺어 풍성하기 바라며
부목 받쳐 지탱한 햇가지에
서너 개의 사과

온 힘으로 애끓던 마지막 잎사귀는
해풍으로
의지마저 사그라뜨린 채
꽃상여 타고 바다로 갔다

툇마루에 덩그러니
벌래 먹고 일그러진 서너 알
깎고 다듬어 가지런히
결실을 담는 어머니의 손

푸르던 날 다 가고 쭈그러져
금방이라도 부서져 내릴 것만 같은
가녀린 노모의 어깨

덜 익은 열매 하나 눈물 맺혀 남아 있다

제4부

하늘빛 고운 미소

고개 들어 하늘을 봐
환하게 웃고 있지

속상해하지 말라고
슬퍼하지 말라고
눈물 흘리지 말라고
하늘이 웃고 있지

맑고 투명한 하늘처럼
하늘빛 고운 미소를
지어보자

하나
두울
셋

씨-익

안숙현 시인

《문예춘추》 신인문학상 수상
영상 아티스트
시집 《내 허락 없인 아프지도 마》 공저

손광식 시인

《시와 글사랑 문학》 4월의 신인문학상,
《한울문학》 4월의 신인문학상
시집 《내 허락 없인 아프지도 마》 외 다수 공저
바다문협 주최 시화전 2회 출품

정은아

영상아티스트
제1회 바다영상작가상 대상 수상
시집 《내 허락 없인 아프지도 마》 공저

박순영

제6회 《바다문예대전》 수필부문 수상
제7회 《바다문예대전》 동시 부문 수상
서울메트로 초청 시화전 출품
시집 《강물위에 띄운 편지》 공저

한학선

경남대 영문학 박사
Indiana University of Pennsylvania: Composition & TESOL 박사
경남대국제교육원 교수 역임

김경아 시인

현대시선 시 수필 등단 본명: 김미분
시집 1집《잃어버린 너를 찾아서》
2집《내 영혼의 필터 그대에게》
3집《빗속의 여인》 출간

양순재

부산
kpta(사)한국테니스 지도자연합회 상임이사,
tester
uspta 1급 (미국 프로테니스협회)
테니스 티칭프로

이덕순 시인

《삶터문학》 신인문학상 수상 등단
삶터문학 동인
남구문인회 사무국장 역임
《오륙도문학》 이사, 편집장

하늘빛 고운 미소

고개 들어 하늘을 봐
환하게 웃고 있지

속상해하지 말라고
슬퍼하지 말라고
눈물 흘리지 말라고
하늘이 웃고 있지

맑고 투명한 하늘처럼
하늘빛 고운 미소를
지어보자

하나
두울
셋

씨–익

봄이 오는 소리

사박사박 소곤소곤
또로록 툭툭
예쁜 꽃 요정들이
속삭이는 소리

빨리 일어나
맑고 따뜻한 햇빛에
일광욕하고 싶다고
맑고 투명한 이슬로
샤워하고 싶다고
꽃 요정들의
봄을 알리는 소리

코 간지러워
잎이 나고
귀 간지러워
꽃이 피네

친구에게

일곱 개의 작은 별이 모여
하나 되었지

하나의 작은 별로는
외롭고 쓸쓸해서
일곱 개의 작은 별이 모여
부모가 되고
형제가 되고
아이가 되고
친구가 되고
일곱이 하나가 된 별처럼

우리도 그렇게
슬픔도 기쁨도 함께하며
서로 쓸쓸해하지 않을
마음이 하나인
친구가 되자

다시는 그대 이름 부르지 못할 것입니다

그대 있는 곳
잘 알고 있으면서
차마 그대에게 가지 못합니다

가슴에서 녹여낸
그리움으로 길을 내어도
몇 번을 가고도 남을 그대였습니다

다시는 그대 이름 부르지 못할 것입니다
그대가 귀를 닫기 전에
내 말문이 닫혀 버렸습니다

변변한 사랑노래
부르지도 못했는데
내 목소리를 잃어버렸기 때문입니다

평생을 안고 살아야 할
숙명 같은 사랑 그 안에
그대가 있습니다

오늘도 너를 보낸다

날마다 한 움큼씩
시절의 낡은 기억 떼어 날린다

겨울바람보다 더 냉정한 마음
언제부터인가 그렇게 매김질 한다

윤기 없는 목소리 쉬어 터지게
부르고 부르던 그 이름

금강석보다 단단한 그 이름에
균열이 생겼다

한 귀퉁이 벌레 먹고 곰팡내 지독해
차라리 자유로 살려 보낸다

오늘도 너를 한 움큼 떼어 보내며
나는 비린 미소를 짓는다

나는 기쁘다 따뜻하다

겹겹이 이룩된 인연의 고리
꼬이고 비틀어진 고리 몇 개
찬찬히 풀어 보아야 한다

원망과 미련을 버리고
가슴으로 만든 선물 하나
신심으로 주어야 한다

나를 고집하여 억지로 만든 사랑
이제는 겸허히 처음으로 돌리자
마음의 텅 빈 여백이 나는 기쁘다

그때엔 사랑했고 지금은 존경하기에
나는 기쁘다 따뜻하다

내 마음에 봄이 오는 소리

창가에 스며드는
고운 햇살 한 줌으로도

일상의 행복 가득 담은
하얀 미소로도

감출 수 없었던
마음의 그림자

어디선가 들려오는
이름 모를 새소리에
무거운 빗장이 풀릴 줄이야

겨우내 시렸던
내 마음에도
이제 봄이 오려나 보다

동반자

당신과 나
우리 사랑의 크기가
얼마만큼인지는 잘 모릅니다

사랑한다는 말
가슴에 품고
눈빛으로 대신하며 살아온 나날들

곁에 있는 것만으로도
서로에게 힘이 되고
위로가 되는 사이

당신이 없는 내 모습과
내가 없는 당신의 모습은
상상이 되지를 않습니다

미지의 세계를 향해
둘이서 닻을 올렸듯이
항해가 끝나는 그날까지
당신과 함께 하고 싶습니다

이게 사랑인가요?

당신 그거 알아요?
내가 요즘 흔들린다는 걸

당신이 내 곁에 있을 때는
투정만 부리지만
당신이 하루라도 내 곁에 없으면
아무것도 할 수가 없어요

당신이 힘들어 하는 걸 보면
작은 어깨라도 빌려주며
내게 없어서는 안 될 사람이라고
말해주고 싶고요

당신이 무슨 생각을 하는지
알 수는 없지만
당신의 눈빛이 편안하면
내 마음에도 평화가 찾아와요

당신이 내게 보이는
작은 관심에 감동하고
당신이 무심코 던진 말 한마디에
상처받고 아파하는 걸 보면
내가 지금 사랑에 빠진 거 맞지요?

진달래

그리움 햇살 되어
내려앉는 날

수줍은 듯 이슬 머금고
잎보다 먼저
붉은 꽃망울 터트렸나

여린 꽃잎들
온산 물들이며
소리 없이 끓는데

어느덧
소녀의 가슴에도
환한 불길이 옮겨 붙었다

장수에서

먹물 같은 어둠이 내린 산
산들바람이 때때로 흔들고 간다
언제였던가
이렇게 빛나는 별을 본 게
정겹게 다가와 자꾸만
내게 안기는 별

매캐한 모깃불에 타오르는 연기
고향 앞마당
이야기 속 모여든 눈빛 사이로
그리움 반짝이며
쏟아져 내렸었지

모처럼 한자리 모인 다섯 남매
밀려드는 허리 통증 내색하지 않고
밤새 준비한 흑염소 요리에
시끌벅적하게 건네는 정

큰언니와 형부의 넉넉한 사랑으로
식구들 환한 웃음에
외롭지 않은 장수의 밤하늘
오가피주처럼 붉게 익어간다

산을 오르며

나뭇가지 타고 미끄러지는
봄볕 쬐며
밤새 내린 비로 촉촉이 젖은 몸을
말리고 있는 작은 풀잎을 보니
겨우내 움츠렸던 내 마음에도
초록 점이 찍힌다

나무계단 오르는
산비탈 양지바른 덤불에선
병아리처럼 입 뾰족이 내민 개나리
앞 다투어 손짓하며
나를 불러 세워
봄의 축전 전하려는 듯

산 아래 내려다보이는
크고 작은 콘크리트 벽 속
그늘지고 외로운 사람들
내 마음에 물든 초록빛만큼이나
햇살 가득한
봄날이었으면 좋겠다

친구가 될 수 없는 너를

친구가 될 수 없는 너를
친구로 하기까지

얼마나 많은 밤을
숨죽인 그리움으로
지새워야 했고

얼마나 많은 낮을
어둠 속에 있어야 했던가

친구로 있고 싶지 않은 너를
친구로 하기까지

얼마나 깊은 맘을
감추어야 했고

얼마나 많은 글을
우정이란 하릴없는 소재로
쏟아내어야 했던가

세월은 지혜를 불러
진정한 친구로 너를

다시 자리매김하니
연인이었더라면 벌써
끊어졌을지 모를 인연의 줄이
아직도 서로 잇고 있음에 감사하자

이리 편한 것을

버리니 이리 편한 것을
받아들이니 이리 편한 것을

보물단지도 아닌 애물단지를
자식보다 부모보다 깊이 가슴에 품어 두고
그리 오래 내 속에 생채기를 내었더란 말인가?

돈이 무엇이고
명예가 무엇이고
사랑이 대체 무엇이건데
다들 그리 잡고 놓으려 않는가?

숨 한번 크게 들이쉬고
놓자, 받아들이자 생각하면 그만인 것을

하기야
그것이 노력한다고 되는 일이던가
인고의 세월만이 바로 지혜인 것을

잔인한 달

내가 당신 따라 가는지
당신이 나를 따라 오는지 몰라요
내가 당신에게 다가가면
당신은 한 발 물러서 있고
내가 당신을 뒤돌아서면
당신은 자꾸만 내 뒤를 따라와요

햇살 밝은 아침에도 보이지 않게
여전히 나를 따라와요
밤이고 낮이고 내 마음에 떠서
내 영혼의 달이 되신 당신
삭제할 수도 버릴 수도 없는
푸르고 푸른 당신은 잔인해요

선인장의 변명

결코 가시가 되고자 함이 아니었다
결코 독이 되고자 함이 아니었다

당신과 나 사이에 흐르던
맑은 샘물 멈추고 싶지 않음이었다

당신에게만 열어 놓았던 창가
밝은 꽃잎이고 싶음이었다

아직도 시린 몸에 흐르는
참담한 당신 그리움 아는가

몸에 돋은 무수한 가시가
설마 목마른 당신 저어함이겠는가

벌떼 같은 모래사막 견디기 위함임을
당신만을 위한 속 깊은 기도의 절규임을

시계

누구를 위하여
밤낮으로 일하는가

혼자서는 할 수 없는
두 손을 맞잡고 가야 하는 길

한 손을 놓아버리면
생명이 멈추어지는 일

생명이 멈추어져도
끊임없이 가기만 하는 약속한 시간

내일 멈추어지더라도
오늘은 두 손 맞잡고 살아야 하는 일

상념

바람이 분다 내 마음에 찬바람이
흐느낀다 바람이 이유 없이 괜스레
알 수 없는 서러움이 밀려온다
바람을 타고 멀리서인지 가까이서인지
갈피도 못 잡고 주체할 수 없는 상념들이
요동을 치며 마구 분다 결국 성난 바람 되어

시간이 지나면 잠잠해질까
세월이 가면 잊혀질까
현실의 삭풍은 결국 모든 걸
아프게 하고 흐느끼게 하고
이젠 잊고 싶다 허울의 욕망들

여명

푸르른 대지 위로 솟는 사랑의
빛이시여 그 환한 빛으로 다시
시작하게 하소서 대지 위에
녹음의 무리들처럼 새로이 태어나고 싶소
언제나 떠오르는 빛이시여
그 영원한 힘을 주소서
다시금 사랑하며 살고 싶소
어딘가에서 홀로 방황하는
내 영혼들을 밝게 비춰 주시오
다시 태어나고 싶소 험한 이 세상에서
당신의 빛을 받고 영원히 떠오르는
여명이 되고 싶소 여명이 되고 싶소

무제

혼자라는 아픔보단 조용한
주위가 싫고 남았다는 슬픔보단
떠날 수 없었던 내가 미워지고
잡을 수 없는 현실이 두렵기만 하구나

삶의 끝을 가 보지는 않았지만
역시 살고 있다는 그 자체는
너무 힘든 무제인 것 같구나

섬

저만치 떨어져 있는 외로움은
고독의 고향에 산다
개펄에 뛰어다니는
비릿한 바람이
하얀 거품 게우는 파랑波浪이 되는데
섬은
엉거주춤 제자리 서버린
침묵을 안고 파곡波谷을 가르며
알몸으로 에워싸는 바다를 향해
시퍼렇게 저항한다
한 치도 물러서지 않는
고집스런 의지처럼

세월 마주보며

머리 위로 내려앉은 세월을 본다
주름살 고인 자리
세월이 고여 있다
서로 집 지어 마주선 세월을 본다

내 어머니의 탯줄 끊김에서
시작된 고독의 노화인가
고독이 바래지면 희게 되나보다
고독을 학대하면 주름이 되나보다

이제는 그 세월 그 고독
다독거려 주리라
손 마주잡고 달래리라

추억

그것은 기다림의 끈을 잡고
따라다니는 메마른 야윈 삶

젊은 날의 한복판으로
쉬엄쉬엄 걸어 나오는 반가운 얼굴

어쩌면 내 손을 잡아주는
따뜻하고 부드러운 손길

시간의 유역으로 밀려가는
거친 세월의 숨소리

그것은 내 운명을 침식하는
칼끝 같은 시간
발밑에 밟히는 낙엽 같은 것을

제5부

돌 틈에 피는 꽃

켜켜이 포개 놓고
무채색으로 바래버릴 것만 같은
오랜 꿈, 햇볕 쬐는 간간이

오그린 다리 뻗어 보라
곁을 맴도는 샛바람의 친절한
부추김을 받아

갇힌 옆우리 속, 절로
금이 가고만
버팀의 한계 더듬어

옴짝달싹 못하고
애간장 녹은 가슴 가까스로 내미는 순간
아득히 밀려나는 차단의 시공

조미영

제7회 《바다문예대전》 대상 수상
서울메트로 초청 시화전 출품
(현) 미국 거주

채희숙 시인

수원대학 정보사회교육원 문예창작과 수료
《문예사조》 신인문학상 수상
오산시민의 날 주부백일장 장원
시집 《강물 위에 띄운 편지》 공저

홍미영

시집 《미운오리 그리고 사랑》
(현) 원광디지털대학 (얼굴경영학 전공)
웃음치료사 및 행복경영코디네이터

이석렬

제6회 《바다문예대전》 입선
'06 서울메트로 초청 시화전 출품
시집 《강물 위에 띄운 편지》 공저

이우열

부산(62년생)
동아대 기계공학 졸업
(현) 리노공업 연구소 수석연구원

홍신자 시인

수도여자 사범대학 졸업
《한맥문학》 시 등단(2005)
시집 《맑은 날 하늘냄새》(공저)

이문조 시인

월간 《한비문학》 시 부문 등단
한국한비문학작가협회 회원
시인과 사색 동인
처용문학 동인

박연자

전남 해남 출생
제8회 《동서커피문학상》 시부문 당선
시집 《강물 위에 띄운 편지》 공저

김희정

(현) 일본 거주

창호지 문

일상으로부터
탈출하고 싶은 마음을 허락하고
제자리로 되돌아오고 싶은 생각
또한 받아 주면서

눈 한 번 깜빡이듯
수시로 들고나는 마음
훤히 꿰뚫는 그대는

경계經界를 만날 때마다
한 번씩 멈추어 여과케 하는
내 마음의 검문소

돌 틈에 피는 꽃

켜켜이 포개 놓고
무채색으로 바래버릴 것만 같은
오랜 꿈, 햇볕 쬐는 간간이

오그린 다리 뻗어보라
곁을 맴도는 샛바람의 친절한
부추김을 받아

갇힌 염원 속, 절로
금이 가고만
버팀의 한계 더듬어

옴짝달싹 못하고
애간장 녹은 가슴 가까스로 내미는 순간
아득히 밀려나는 차단의 시공時空

초승달

갸름한
모양새로 보나
자그마한
부피로 보나

틀림없는
내 어머니의
뽀얀 고무신

한 생을
벗어 놓고
다른 또
한 생을
여행 중임을

애잔한
모성애로 알리시는

파도리 바닷가

얼마나
그리움에 지쳤을까
차르르 차르르
그대 부르는 소리

내 가슴으로 와 닿는
그대 숨결
그대 손길이 그리워
이토록 미열이 나는구나

그대 가슴에서
하얀 피가 흐르고
나의 눈물
파도 속에 묻혀 있어도
차르르 차르르
그리워 부르는 소리

계곡에서의 하루

계룡산 계곡에서
큰 돌멩이 작은 돌멩이
모으고 주워
깊은 웅덩이를 만들어 놓고
작은 폭포도 만들었다
발가락 사이사이에
예쁜 돌들 끼워
물속에 발을 담그고
책을 읽어 주는
좋은 음악 같은 그대
따사로운 햇살 아래
더욱 붉게 피어나는
배롱나무 꽃
행복한 하루가 지나갔다
함께 있다는 것이
얼마나 사랑스러운지
눈부시게 푸르른
오늘 같은 날
다시 올 수 있을까

어느 날의 사진

뜨겁던 태양
호수 위로
석류빛 노을을 주고
산등성 너머로 사라진 후
평화롭게 날던
하얀 두루미
어둠이 몰아냈다

그대가 전해준
팬지꽃 등불
손바닥에 담아
향기로운 커피와 음악이 흐르는
큰 창문을 두드렸다

팬지꽃과 같은
그대 곁에
오래 머물 수 없어
집으로 돌아오는 길
하늘엔
만삭의 보름달
무심히 따라오고
나의 그림자만이
혼자서 쓸쓸히 동행했다

사랑하는 나의 딸들에게

사랑만 줄게
기쁨만 줄게
세상은 보이지 않는 어려움에
쩔쩔매어 있어도
당당히 함께 물리치자

사랑, 기쁨, 행복
모두모두 보물찾기
간절한 염원을 담은 눈빛,
손끝에 잡혀지는 진실을 알려줄게
찡그리면 우울한 일만 가득
웃으면 웃을 일만 가득 생긴다는

반짝이는 눈빛
당겨진 입 꼬리
가슴에 충만한 사랑을 담아
예쁜 것만 바라보자

그리고
좋아하는 최선의 것들을 즐기며
모든 이들을 사랑하며 살아가자
화이팅!

근신

들끓어 오르는 만남을
자제한다
문을 박차고 나가
고운 햇살 손짓하는 보도블록 위
사뿐거리는 나비 되어 날고 싶은 맘
고즈넉히 접는다
가까운 훗날 영글었을 자아 그리며
애써 일어나는 헛바람 삭힌다

짧다면 짧고
길다면 긴 인생항로
초라한 노년의 뜰은 싫어
최선의 겸손과 검소로
지금도 걸어간다

몸무게

죄가 차고 있다
살과 피가 미처 되지 못한
불안한 삶들이
내장 안을 머물러 차곡차곡
똥으로 쌓이고 있다

하나하나
정성껏 내보내고
새털처럼 가벼운
고운 자아를 만나고 싶다

암자庵子

털덧신 한 켤레 햇살을 부여잡고
풍경이 귀를 열고 삭풍을 맞이하면
아궁이 솔가지 타는 냄새는 산을 탄다

둥지 드는 새들도 묵언으로 하루 접는
깊은 골 깨달음은 적막으로 마음 갈고
간간이 산산 너머로 구름조각 홀로 간다

난

긴 밤하늘 별송이 꽃대 잎에 내려 나와
흘러내는 맑은 향기 영혼을 정결하니
해맑은 꽃송이마다 숭고함이 머물고나

내 마음 얼마나 닦아야 너를 닮을지
끊지 않는 헝큰 일에 흰 서리 내리는데
너는야 순환 순리를 바람처럼 깨쳤구나

매화

진눈깨비 꽃가지에 벙글어 재촉이나
아직은 때 이르다 망울만 부풀리어
눈송이 가지에 매달고 시운을 보라며

살랑거린 바람 한 점 전신을 흔들어도
속내를 내지 않고 묵언 청정 매일이라
암향이 그대를 찾을 때 내치지나 말라 하네

봄나물

그대가 나보다 더 그리울 때
나물을 캐러 가요
흙이 앙칼지게 튕기면 사랑을 느끼죠
그렇게 세상을 만들고
봄이 옵니다

정월 보름

많은 세상의 하늘이
하나의 하늘이듯
많은 세상 친구들이
하나의 친구죠
화를 내는 많은 세상 사람들의 마음을
모두 다 태워서
불 꺼진 하늘엔 하얀 달님만 살아 있지요
사랑스런 달
연연히 당신을 비추고 있어요

무지개

어둠이 만물의 그림자를 모두 만들면
세상은 깜깜한 암흑으로 됩니다
하지만, 비가 내립니다

세상의 어둠을 씻어내려는 듯 비는 하늘에서
땅 끝까지 그리고 바다로 흘러갑니다
어둠을 씻은 달님의 얼굴이 맑습니다

새벽의 기쁨이 태양과 함께 떠오릅니다
세상의 이쪽과 저쪽 끝
나와 친구처럼 당신과 나처럼 영원히

달개비 꽃
(현충원에서)

어느 님의
못다 핀 넋인가

가없는
가냘픔으로
끝내
다시 살아
길게 뺀 모가지

기다림에
멍 든
쪽빛 꽃 물

한 올
한 올 엮은
무명 같은
님의 설움

파아랗게
물감 들여
깃대 끝에 걸으리

사월

나무가
나신裸身으로 설국雪國을 넘어 온 것은
사랑을 품어
뜨거운 열꽃이 돋았기 때문이다

분홍 속살 꽃 이파리
지고지순至高至純한 사랑이 눈부셔
봄비도 실눈 뜨고 숨소리를 죽인다

베르테르는
이제 편지를 쓰지 않아
사람들은 꽃 그늘에서
책갈피에 끼워둔 사월을 꺼낸다

아련하게 빛바랜
흑백 사진 속 세월이
목련꽃잎처럼 툭툭 떨어져 내리고

집착을 놓으면
가벼워지는걸까
흩날리는 꽃잎이 하얗게 아픈 사월

아파트

콘크리트 선반에
층층이 포개져 누워도
아침이면 낯선
물길 닫힌 외딴섬

어제의 무게를
내려놓고 싶었을까

가을비 추적추적 내리는
아파트 뜰에
돌확 하나 버리고
말없이 이사간 701호집

빗물 고인 돌확에
섬 하나 잠겨 있다

그녀는 예뻤다

나란히 유모차를 밀고 가는
새댁 세 사람
보기가 참 좋다

보물을 싣고 가는
저 당당함
애정 어린 눈빛으로
아기를 바라보는
저 사랑스러움
그녀들은 아름다웠다

출산율 최하위 국가
애국을 하는
그녀들,
그녀들은 참 예뻤다

사랑은 까치발로 다가온다

사랑은 몰래몰래
그렇게, 그렇게
까치발로 다가온다

꿈나라 헤매는
고운 그 님 잠 깨울세라
조심조심
까치발로 소리 없이

새하얀 세모시에
쪽빛 물이 들 듯
조금씩, 조금씩
스며들어
어느새 내 마음을
핑크빛으로 물들인다

개구리 소리

아침 산책길에
무논에서 들려오는 개구리 소리
귀를 의심한다

겨울의 끝자락
우수 경칩도 지나지 않았는데
웬 개구리 소리

속이고 속는 세상
계속되는 봄 날씨에
봄비까지 내렸으니
개구리의 성급함을
탓할 수도 없지

그래도 아직은 겨울
꽃샘추위도 있을 텐데

장마 전선

그토록 오래 머무를 거면
귀띔이라도 해 주지

냉철하게 꽂히는 셀 수 없는 화살

행여 길이 보일까
다림질하던 그리움
나뒹그러진 과수果樹에
그루터기 눈물마저 마르고

오늘의 날씨
남서에서 서풍이 불고

구름 많고 소나기
내일, 차차 흐려져 오후 한때 비
모레.

비 그치면 햇살은

천상天常의 성실함으로
기지개를 켜겠지만

오랜 고립의 앙금인지
손발의 떨림이 멈추지 않는다

나침반

하마터면 길을 잃을 뻔했어
하며 호흡을 가다듬지만
사실은 자주 길을 잃어버립니다

소박한 모습으로
용기와 인정認定을
조화로이 만나면 좋겠지만
삭아진 고무처럼 마디마디로
떨어지는 사고는
혼란스러움을 더하고

탱자나무 우거진 숲으로
예약 없이 여행을 떠납니다

아이들이 자라가는 키만큼
눈가에 주름이 늘어가는 만큼
지혜도 같이 꽃 피면 좋겠습니다

보고 싶다

보고 싶다

눈이 시리도록 하늘을 보아도
네 모습을 안을 수 없으니

사랑스런 친구야

봄날의 추억, 그 향기가
늘 코끝에 아려오는데

먼 이국땅에서
세월 벗 삼아
한 사람의 아내로
엄마로 살아가고 있을 여인

소녀는 가고 중년의 여인으로
조심스레 걸음 걷는 우리의 모습

말할 수 없는 일렁임이 찾아들 때는
하늘을 가슴에 안는다

너 있는 곳에 이 하늘 있으리니

눈부심

가끔 공원 벤치에 누워
커다란 하늘을 바라다본다
쏟아지는 눈물에 걸려
못 들어오고 있던 햇살
세상 밖에서 아름답게 부서진다.
왠지 가슴 한쪽 싸해 오고
그나마 위로가 되는 건
내게 남아 있는 눈부심,
시린 눈부심
생각해보면 내 슬픔은
늘 그렇게 눈부셨다

아기와 햇살

창가 자락 끝에서
놀고 있던 햇살 조각들
꼼지락거리는
발등 타고 올라와
젖꼭지 물고 있는
맑은 호수까지 올라와

깜빡깜빡
눈 장난 치고는
쪼르르 도망간다
가을 하늘 끝으로

깜빡깜빡
눈 장단 맞추던 맑은 호수
쪼르르 쫓아간다
가을 하늘 끝까지

추억

지나간 것들이 아름답게 느껴지는 것은
그것이 다시는 맞추어 볼 수 없는
아련한 조각들이기 때문이지

순한 기억 속에서
미련 혹은 상상으로 떠다니는 그리움

그 그리움을 떨쳐버릴 수 없는 것은
그것들에 다하지 못한 고백이
아직도 가슴에 남아 있기 때문이지

그래,
산다는 것은 어쩌면
쓸쓸함을 견디어 내는 것이 아니라
질긴 추억을 견디어 내는 것인지도 몰라

제6부

아픈 사랑을 위하여

사무치느냐
그대여
나의 하늘에게
이 화창한 날들에게
굽어가는 온몸으로
전율하고 있는가
순간을 더한 세월
깊은 뿌리로 얽힌 연리지
완전한 한 몸 되려
마지막 날까지
힘껏 안고 뒹구는
그대와 나
간절한 마음으로
무작정 오르고 있을 뿐
어지러운 땅을 마시고
붉어진 얼굴로
선홍의 하늘을 향해
다만 가고 있으니

하은 시인

《문학세계》 신인문학상 수상 등단
포천문화원 회원
포천예술인동우회 마홀문학회 회원
문학공원 동인

이원용 시인

《한맥문학》 신인문학상 수상 등단
무궁화대전 등 입선 2회
포천예술인동우회 마홀문학회 회원
포천문인협회 사무국장

김경애 시인

《대한문학세계》 신인문학상 수상
(사)창작문학예술인협의회 향토문학상 수상
(사)창작문학예술인협의회 특선시인선 공저 외
(현) 영암한우리독서논술클럽 교사

김용길 시인

(현) 합기도 체육관 관장
한국 영화배우협회 연기분과위원 (영화배우)
가수 유비 사랑모임 고문
종로구 창신2동 주민자치위원회 부위원장

하성수 시인

전북 고창 출생
원광대학교 졸업
(재)건설산업정보연구원 재직

최성규 시인

경남 합천 출생
자영업
교회 부설 〈컴퓨터 무료교실〉 운영
시집 《강물 위에 띄운 편지》 공저

이돈권 시인

동아그룹 및 동부그룹 근무
무역회사 운영
(현) 현대컨설팅 대표
(현) 부동산 TV 리포터

김은재 시인

《날개문학》 신인문학상 수상 등단.
《행복을 나누는 이야기》 공저
《금빛은빛사랑》 공저
서정문학 시화전 출품.

홍수영 시인

여수여자중학교 3학년 재학

아픈 사랑을 위하여

사무치느냐
그대여
나의 하늘에게
이 화창한 날들에게
굳어가는 온몸으로
전율하고 있는가
순간을 더한 세월
깊은 뿌리로 얽힌 연리지
완전한 한 몸 되려
마지막 날까지
힘껏 안고 뒹구는
그대와 나
간절한 마음으로
무작정 오르고 있을 뿐
어지러운 땅을 마시고
붉어진 얼굴로
선홍의 하늘을 향해
다만 가고 있으니

희망가 · 1

비탈에 서서
가여운 두 팔
근육을 키우며
우람한 나무가 되어
훌쩍 푸른 숲이 되고
어느 해 울울창창한
이야기숲이 되고 나면

바람과 함께
그대 이름을 부르리라
부끄러운 저녁
숨어드는 노을을
온전히 품는 짙은 산
그 후에 찾아올
아침을 만나기 위해

바람의 서序

짓무른 발이
가엾대도
끝 가는 길
예서
멈출 수는 없어

황혼을 먹는
어둠에 쫓겨도
아 어쩌면
모른 척 눈감는
무정한 당신

평생을 울어도
들어줄
사람 없어
먼 길 떠나는
내 외로움이여

커피를 사모함

너는
어여쁜 유리 도가니 속에서
보글보글 달아오르며
야한 듯하다가도
순수의 향을 뿌리는
멋쟁이 신사의 포마드 냄새보다 깊다

너의 빛나는 향기는
그리움의 넋을 토하는 밤이면
면사포 새 신부처럼 다가와
나의 시어詩語에 향을 묻히고
침실을 차지했다

하이얀 사기 입술에 입맞춤할 때
너의 진실은 한층 너그러이 스며
한동안 침묵을 감싸 안아도
만날 때마다 향기를 끓이고 있었다
너와 나는 향으로 만나는 오래된 친구

겨울 강

지난 여름 놀러 온 물새들
숨바꼭질하던 강 언덕
물 억새밭에 찬바람 불더니
시들은 육신 사그락거리며
춥다고 수다를 떤다

눈 덮인 강은 얼어
헤엄치던 생명들은 창으로 가리고
차가운 여울 속으로
말없이 숨어서 흐르네

잊은 것은 흔적의 지나침
그리고 만날 수 있다는 묵시적 외침뿐
적막을 만난 겨울 강은
쓸쓸히 흐른다
버들잎 종긋이 귀 세울 때까지
기다리며 흐른다

경원선

누가 저렇게 많은
사연을 뿌리고 갔을까
그래서
기인 쇠막대는
촘촘히 박힌 침목을 베고 누워
기다린단다

애석해한들
두 줄은 등 돌리고 있다
만남이야
하루에 여남은 번 왔다가는
기차가 달리면서
잠시 손잡아 주지만
차가운 체온은 그대로이다

이별의 신은
아직도 만나지 못하게
갈라놓았다
등 돌린 철길 위로
스산한 바람이 지나간다

슬픔아, 이제 안녕하자

가을 끝자락에 매달린 슬픔 한 조각
엉성한 몸짓으로 서 있는 나무에
어둠 속에서도 빛나는 꿈을 매달고
혼란스런 현실 속의 행복을 매달아
갈 길을 잡지 못해 헤매다가도
감사와 기쁨의 열매들 주렁주렁 매달려 있는데
이것만은 떨쳐 버리려 애쓰는 데도
알 수 없는 슬픈 조각들이 함께 자란다
밤마다 시달리며 얼싸안는 기억 조각들
희로, 애리 언니, 민구
울컥울컥 몸부림치는 아픔이 나를 휘감고
악몽처럼 이승과 저승을 오간다
어린 시절 함께 했던 소중한 사람들이
이 세상에 없다는 건 얼마나 아픈 일인지
잊혀지지 않는 그리운 형상들을
내 힘으로는 어찌할 수 없는 일인지
떨쳐 버리고 싶다 떨쳐 버리고 싶다
슬픔 한 조각 매달고 아픈 날들
떠난 후에야 깊이 후회하지 않도록
그저, 그리운 것은 그리운 것으로
살아 있는 사람은 살아 있는 사람으로
슬픔아, 이제 우리 그만 안녕하자

달궁계곡 가는 길

삶의 염려 내려놓지 못하고
혹 하나 붙이고 따라나선 길
팔월의 끝자락인데 아직
산천은 온통 푸른 초록의 옷
내 삶의 시간만큼 올라온 듯한
지리산 달궁계곡 가는 길엔
푸른 초록물이 타고 흐른다
굽이굽이 고갯길 돌 때마다
곳곳마다 전설과 애환들이 절절한데
내 안에는 그것들과 상관없는
얼굴이 스쳐 지나는 걸
살아온 만큼, 아는 만큼 느껴지는
삶의 진리를 거슬릴 순 없는 건지
술잔을 나누며 정겨운 언어들이 오가는
풍경 속에 하나인 듯 다른 생각들
맑은 물을 소주잔에 한 잔 들이키며
내 안의 모든 잡스런 짐들을
흘러가는 물결에 실려 보내고
나도 따라 어디론가 흘러가
하나 될 수 있는 내 사랑을 만날 수만 있다면
그것으로 족할 것만 같은데
그리움 한 자락만 어깨에 걸치고 돌아온
지리산 뱀사골 달궁계곡 가는 길

그냥 지나쳐지지 않는 여름

가슴속에 꼭꼭 숨겨두고픈
글들을 오늘 살며시 꺼내보았습니다
세월이 흐르고 기억은 아련한데
내 가슴속 사랑은 늘 그대로입니다
여름과 함께 찾아온 당신의 마음들은
시간이 가도 여전히 나와 함께 합니다
당신을 생각하면 가슴이 두근거립니다
내 마음을 전할 수 없다 해도
여전히 멈출 수 없는 그리움들이
사무쳐 오는 여름밤입니다
쏟아지는 사랑의 언어들을 침묵으로
대신하며 그대의 이름을 지우려 합니다
많은 것 바라지 않고
그저 그렇게 아름다운 길을
걸어보고 싶다는 생각을 해 봅니다
생각들은 상상의 나래를 타고
기쁨과 행복의 미소를 지으며
당신의 마음이 나와 같다면
참 좋겠다는 생각을 해 봅니다
그냥 지나쳐지지 않는 여름입니다
올해도 역시 여름은 내 온 마음을
흔들고 지나가려나 봅니다

또다시 푸른 청춘의 시절이 돌아온다면
역시 후회 없이 사랑하는 여름을 보내겠습니다

무연

긴긴 세월 그 얼마나
무연으로 살았는지 모른다

말없이 내 품으로 들어오는
그대를 차마 뿌리칠 수 없어
한 순간 많은 생각을 하게 만든다

그동안 모든 걸
용서할 수밖에 없었던 이 마음은
사랑의 이름으로
마음의 피를 토한다

바위처럼 굳은 마음
빙하처럼 쌓여 있는
내 마음이었건만

부부란 이름으로
한순간 봄 날 눈 녹듯 녹아내리는 내 자신
아마 그대가
너무 애처로워 보였는지도 모른다

이제는 근심, 화, 허물, 미움, 원망,
그날 밤의
타오르는 태양 속으로 날려 보내고
그대를 미워하기보다는
내가 참회하는 마음으로 살아야겠다

희망찬 내일을 위해

잡초

길바닥에 누워 있는 잡초를
수많은 사람들과
이름 모를 발자국들이
밟고 지나간다

이슬 먹고 자란 잡초
아침이면 벌레들이 놀러 오고

점심때가 되면
나비와 벌들이 쉬어 가며

밤이면 쥐와 친구 되어 놀다 보면
어느덧 아침이 오고 또
하루가 시작된다

잡초는 수많은 발자국들을
기억하고 있는 건지
아니면 수많은 기억 들을
흐르는 빗물에 씻어 버리는지
잡초의 마음 알 수가 없구나

가을의 노래

달님은 커다란 얼굴로
마음의 상처 어루만져 주고

떨어진 낙엽은
아픈 마음 달래주고

산산한 바람은
이마에 쉬어가고

아른거리는 실구름은
손등에 쉬어가고

한 마리의 잠자리는
가을을 싣고 맴돌다
내 머리 위에 쉬어가고

봉선화 꽃은
어느 아가씨
손톱에 물들어 가고

따가운 햇살은
여인의 품속에 잠들고

당신

한 세월 살아감이 버거울 땐
당신을 애타게 그리워했습니다
삶에 지쳐 머리카락 늘어뜨리고
얼굴을 가리고 타는 속에서도
당신이 원망스러워 울던 때도 있었지요
오늘에서야 당신 곁에서
꼭 팔짱을 끼어
병아리가 엄마 품에 안긴
그 따스한 온기를 느껴봅니다
오랜 시간을
당신과 헤어졌다가
이렇게 다정한 모습으로
곁에 서 있을 수 있음이
하늘 아래 이보다 더 큰 행복이
또 있으리오
당신의 흐려진 애정과
숱한 날 당신 그리움의
교란 속에서 비로소 찾은 행복
당신이 퍼붓는 참사랑임을 느껴봅니다
오늘처럼 이 자리에 서서
쏟아 주시는 당신의 체취와
모정母情에 취해 가며
죽는 날까지 함께 하며 살고 싶습니다

물새

은빛 노을 진 바닷가
눈부시게 빛나는 모래알
솜이불을 넓게 펼친
잔잔한 물결 위를 넘나들던 물새
물 위를 마음껏 노닐다가
어둑할 무렵
둥지 튼 보금자리에
살포시 내려앉았다

가련한 몸매로
날개를 푸덕이며
어느새 가냘픈 풀섶을 흔드는
물새 한 마리

멀리서 들려오는 뱃고동 소리
달빛 익는 소리에 놀라
고단한 날갯짓
또다시 수평선 저 멀리로
날아가고 있다

푸른 초원의 꿈

푸른 빛 고운 자리로
찾아올 이를 위해

메마른 땅 위에
초록빛 비단 깔고
들소가 한가로이 거니는
그런 여유 주고 싶다

양지 바른 한 곳에
물 뿌려 풀 가꾸고
생기 돋는 그 잎에
사랑을 키워
솜털처럼 부드러운
그런 너그러움 주고 싶다

새벽안개, 이슬방울도
몰래 쉬어가고
소슬바람 풀잎 새로
몰래 소근대며 쉬어가는
넓고 늘 푸른
그런 쉼터 주고 싶다

바람이 가는 곳

얼마나 멀기에
바삐 가는가
얼마나 좋기에
저리 서두는가

지나는 골마다
만물 몸짓하누나

빈들 지나 강 건너
숲 이르니
산사의 풍경
영혼 깨우고

산 오르면
구름도 매무새 여미니
분명 선한 바람이랴

고독에 묶여
버거운 나에게는
언제 오려나

겨울 민들레

나비 떠난 빈 자리
툭, 추락하는 나뭇잎
땅 꺼지는 소리

쓸쓸함이 죽음처럼
밀려오는 한낮

넉살 좋은 생명
돌 틈에 터 잡은
겨울 민들레

시린 햇살 아래
쪽빛으로 덮은
샛노란 고독

씨앗은
꽃을 피워야 한다,
된서리 만나기까지

빈 들에 서서

땅 밟고 서서
하늘 올려다보니
구름은
노을색으로 떠가네

생명 다 어디 가고
빈 들에
내 생명뿐인가

휙 바람
스쳐지나니
죽음보다 두려운 고독
옷깃 파고든다

내가 사랑했음은
내가 좋아했음은
들꽃이라 단풍이라

언제쯤 다시 웃을까

춘설 내리는 날

삼월에
펑펑 춘설이 내리는 날

우리
이런 날에는 말없이 서로
그리워하자

전화기 잠시 접어 두고
우리 마음으로 기쁜 대화를 하자

붉은 꽃잎 위로
하얀 그리움 소복이 쌓이는 이런 날

우리 눈 감고 서로 그리워하자

눈 감아도 다가오는
그대를 그리워하자

쑥국

삼월 장터에 갔더니
길가 쑥스런 미소의 할머니
봄 향기 물씬한 쑥을 파신다

저녁상에 오른 쑥국을
먹고 나니
불현듯
귓가에 멀리 쑥국새 소리 들려온다

쑥국
쑥국
쑥-쑥국

어린 시절 뒷동산에서
순이랑 같이 듣던
쑥국새 소리 들려온다

어머니의 자식 걱정하는 소리
쑥국새 소리
쑥국쑥국 들려온다

반달

푸르른 새벽녘

창문 너머로
아직 반도 지우지 못한
그리움이 걸려 있다

반쪽만으로도
생채기 다시 돋게 하는
아찔함이 웃고 있다

눈 감으면

온몸에 꿈틀대는
노란 너의 목소리

푸른 혈관마다
스며드는 맑은 얼굴

이 새벽에

내 안에
찌르듯 파고든다

구겨진 종이학

내 마음속 빙하는
녹지 않았는데
잔설을 녹이는 아지랑이
피어오르네

각양각색 꽃과 나비
들녘 가득히
봄을 낭송하건만

강가에 버려진 설중매 한 송이
초라한 모습으로
봄볕에 졸고 있고

구겨진 종이학은
강 언덕 하얀 민들레 홀씨
하늘 가득 훨훨
날아오르기만 기다리는구나

허기진 물고기가 투덜대네
오늘은 떡밥도 안 준다고

아방궁

탱탱하게 여물은 그리움
꽃잎 활짝 열어놓고
님 기다리는 자태 좀 보소
향기 속 아방궁 벌들에 전쟁일세

석양빛 등지고 청산을 향하는 길
장승 같은 그림자 뒤를 따라 가노라니
저승사자 따라가는 망자 같구나

눈물을 모으면 봄비보다 많고
한숨을 모아도 봄바람보다 강할 것이니
인생행로 발자국마다
한 많은 설음이 가득하구나

한 움큼 남은 정

박꽃같이 우아하고 해맑은 임이여
수수엿같이 진하고 끈적한 사랑

한 움큼 남은 정
조청이 되고 한과같이 붙어 살리

수줍음 속 맺은 인연
반백 년 숙명 같은 세월 속에
쟁기질에 씨 뿌리며 살아온 나날
추녀 끝 낙수 같은 눈물과 시련에도

일심동체 부부일심 사랑만 먹어도
배고프고 허기진 적 없었는데

이순의 나이 고운 정 쌓아놓고
사랑방 신세가 애처롭고
허기짐은 내리사랑인가
허욕인가 과욕인가 사랑이 고프구나
님의 품이 그리웁구나

거리에서

애타게 부르짖던
그 거리를 지나오는 동안

깊이 생각해보면
우리의 아낌없던 사랑에
이토록 아름다운 거리가 되고

다시 생각해보면
우리의 마지막엔
그토록 아픈 거리가 되고

여기까지 천 보의 걸음이
어렵진 않았지만

이제 다신 한 걸음도 되돌릴 수 없다는 것을
이제 다신 이 거리를 걷지 못할 것임을

기억은
어째서 기억으로만 남아야 하는 것인지
내게 물었던 네게

너와 내가 우리로서 다시 만난다면
날 안을 수 있겠느냐고

아프게 되묻는다

열여섯 소녀에게

꽃잎 날리는 봄날이면 약속이나 한 듯

한 손엔 무거운 짐과
한 손엔 눈물의 흔적이

잊고 지냈던 고통은
행복을 생각하게 하고
흑백 환영 속으로 소녀를 떠밀어

내가 나를 견디며 나를 잃으며
걸어가야 하는 이 곳,

아파도 참아낼 수 있다면
조금의 얻어짐도 없었던 건 아니야

실비 내리는 열여섯 번째 봄날
꽃망울 피는 아픔을 가슴에 안은 채

아마도 말하지 않았던 것은 아닐 테지
하지 못 했을 뿐

별

천 번쯤 되뇌이고 천 번쯤 고백하고
천 번쯤 바라보는 시선 너머로

어둠은
때론 쓰러지듯 몸을 기대오지만

낙망하지 않는 의연한 자태로
곧게 뿌리를 내린 꽃의 모습인 그를
무기력하게 동경한다

고요히 안아줄 수도
아무리 손 뻗어도 닿을 수 없는 그를
나는, 바라볼 뿐이다

어떤 때는 느른함에 젖어서
어떤 때는 소망 어린 표정으로
어떤 때는 죽을 듯한 공허함으로

그러던 어느 날, 그가 말을 걸어왔다
나를 위해
눈부신 뿌리를 걷어올리며

제7부

모두 다 사랑하리

1

사랑하는 청소년들이여!

꿈을 가져라
도전하라
꿈을 이루는 날까지
끊임없이 노력하라

인생이란
삶을 인내하는 여행으로
각각 다른 발자취를 남길 것이다

물질의 부는
한정된 사람들을 구할 수 있지만,
정신적 부는
인류를 구할 밑거름이 될 것이다

사랑하는 어린 꿈나무들이여!

바르게 자라길 바란다
사람을 사랑하는
고귀한 삶이 되기를 바란다

홍순철

충남 아산 출생
제2회 경북 청소년지도자 대상 수상
제1회 충남 청소년지도자 시상식 초대 대회장

한관식 시인

1960년생. 영천 출생
월간 《시사문단》 신인문학상 수상 등단
(현) 영천 금창(주) 재직

정종심

전남 보성 출생

김태우

2005년 8월 경북대학교
일반대학원 경영학 석사
경북신문 객원기자
(현) (주)프로스코인터내셔널 대표

이종선 시인

인천광역시 출생
《한울문학》 신인문학상 수상 등단
시집 《강물에 띄운 편지》 공저
서울메트로 초청 시화전 출품

임세광

충남 당진 출생

박찬구 시인

《자유문예》 신인문학상 수상 등단
대전문인협회회원
상상마당 회원
아람문인협회 회원

남상숙

엄경덕 시인

월간 《문학21》 신인문학상 수상 등단
낙동강문인협회 회원
대한문인협회정회원
(현) 온돌마루프라자 대표

모두 다 사랑하리

1
사랑하는 청소년들이여!

꿈을 가져라
도전하라
꿈을 이루는 날까지
끊임없이 노력하라

인생人生이란
삶을 인내하는 여행으로
각각 다른 발자취를 남길 것이다

물질의 부富는
한정된 사람들을 구할 수 있지만,
정신적 부富는
인류를 구할 밑거름이 될 것이다

사랑하는 어린 꿈나무들이여!

바르게 자라길 바란다
사람을 사랑하는
고귀한 삶이 되기를 바란다

2
우리 사랑의 동반자여!

시간이 흘러
우리의 심신心身이 필요하다면
기꺼이 사회에 환원하자

새로운 삶에 밑거름으로
우리 고단한 육신이 필요하다면
모두 다 주고 떠나자

인류와 청소년들을 위해
우리의 올곧은 정신을 원한다면
모두 다 주고 떠나자

그렇게
우리의 가진 작은 부富가 필요하다면
모두 다 주고 떠나자

모두 다 주고 떠나자

우리의 길을 가야한다

삼천리 금수강산에 무궁화 피었다
무궁화 꽃이 피었다

피고 지고 또 피고 지고
우리는 그렇게 걸어왔다

무궁화 피는 곳에 천국이 있고
무궁화 지는 곳에 지옥이 있어
하염없이 무궁화 꽃 피워
우리의 길을 가야 한다

자손만대 물려줄 우리 땅
태극 깃발 휘날리는 우리 땅에서

가꾸고 다듬은 희망의 꽃씨를
세계만방으로 날려 보내자

그립다 그립다 그립다

잊혀지지 않아도
그래, 살아야지
보고 싶어도 참으며 살아야지
움푹 팬 가슴 안고
살다 보면 그 세월 말해주겠지
죽지 않을 만큼 그리워하다가
절절한 눈물 마를 날 없으면
동그랗게 내 육신 말아서
실바람에 얹어도 표 나지 않게
당신 찾아가면 되겠지

이름 하나

나는 그 이름을 찾아갔구나

무수한 이름과 더불어 살면서
눈부신 이름 하나는
유독 나를 매혹시켰고
거침없는 다가감으로
순한 그리움을 낳았다

거기로부터 이어지길 바라는
간절함이 뒤틀릴 때도 있었다
손 닿지 않는 곳에 자리 할 때도 있었다
하찮은 이름으로
돌아설 때도 있었다

허나 가슴은 젖어라
지울 수 없는 내 안에 이름은
벗겨 내어도 엷은 껍질로 남아

찾아간 그 이름, 내 안에 살더라
없는 듯, 소리 없이 살더라

여자인 당신은

남자인 내가 사랑할
여자인 당신은 한 번의 사랑과 이별을
한 번의 아픔을 경험한 사람이어야 합니다
한 번의 사랑은 이승에서 마지막인 것처럼 맹렬하게
이별은 비정하도록 차갑게
아픔은 마디마디 사무치도록 저리게
그런 연유에 나를 만나
아무것도 주지 말고
아무것도 받지 말고
손끝에 닿는 감촉도 무미건조하게
땅에 발 닿지 않고 허공에 떠 있어도 좋을
의미 없는 관계로 시작하고 싶습니다
그러다가 누군가의 어깨에 기대고 싶은 날
참, 안개가 깊은 날
같이 있어도 티격태격하지 않을 것 같은 날
남자인 나를 떠올려주면 그 이상 바라지 않겠습니다
자전거 등받이가 허전한 날
고갯마루 넘어가는 석양이 외로운 날
뒤척이며 잠 못 이룬 날
남자인 나를 함께 했으면 하고 기억해주면
그만한 행복은 없을 것입니다

봄이 오는 세상

곱게 놓여 있는
책상 위의 화분보다
거친 바람 맞으면서 서 있는
들길의 야생화가 더 좋아

문밖에 서서
계절이 오는 발자국 소리에
벌써부터
가슴엔 망울망울 꽃망울이
맺히려고 잠 못 이루는가

봄 햇살에
꽃으로 피어나서
하루 종일 품어도 보고
고운 향기 담고 싶은데

섬

가지 못해 늘 그리운 곳
누구나 가슴속에
섬 하나 묻어 두고 있다

물에 잠길 수 없는 곳
섬이 되어서
누군가를 그리며 기다리고 있다
그러나 쉽게 가고 올 수 없는 곳

너와 나 사이에 다리만 놓는다면
금방 오고 갈 수 있을 것을
먼 바다만 쳐다보며
눈길로만 왔다 갔다 해댄다
먼 거리는 분명 아닌데
가지 못한 거리라 맘속으로 말해버리는
늘 나에겐 섬으로 남는다

아카시아 꽃길

고운 님 오신다기에
그 길
아카시아꽃으로 장식했습니다
훈풍에 꽃향기가 사르르 날아올라
맘을 간지럽게 합니다

발걸음은 더디 오시고
꽃은 질까 하여 애가 닳아
하루 분량이 무겁기만 합니다

겨울 밤

살짝이 걷혀진
좁은 커튼 틈새로
몰래 훔쳐본
세상 위에 그려져 있는

눈꽃 핀
앙상한 나무와
내린 눈을 덮고 잠든
한적한 도시의
아스팔트

아직은
세상 한 사람도
깨어있지 않은 시간

창가에
하얗게 얼어붙은
작은 떨림이 깃든
내 가느다란 숨소리는

세상 단 한 사람만을 위한
내 가슴속
눈물로 연주한
슬픈 선율의 연주

아침

아침,
옷깃을 여미는 추위 속에
갈 길 잃어 헤매던
아주 가는 빗방울이

따뜻한 난롯가에 앉아
언 손을 녹일 때쯤엔
창문에
하얀 첫눈이 되어 있었다

언제였는지
생각도 나지 않는
가슴 한쪽 시려 오는
슬픗한 느낌

첫눈이 오는 날

첫눈이 오던 날

지난 해 오늘처럼

난 다시 한 번 이별이 쌓여가는 길목에서
젖은 술잔을 기울여야 했다

일어나 걷기

새벽녘
겨우 든 잠에서 깨어
문밖으로 나선다

조금 전까지만해도
말라 바스락거리던
세상 위엔
촉촉함이 배어난다

피부에 스치는
습기 머금은 바람 한 줄기에
세상은 온통
기분 좋은 새벽이슬이 된다

더 이상 남은 미련으로
버려질 시간이
없다는 생각이 들었다

나의 하늘에는

동그라미
세모, 네모

은빛 눈부신 하늘에
조각구름 둥실 떠가고
초록빛 나뭇가지 사이로
바람이 유유히 지날 때

언뜻언뜻 떠오르는
다정했던 당신의 미소

기대고 싶었던
신비로운 당신의 가슴

나의 하늘엔 이렇게
아직 당신이 생생한데

당신 하늘에도 아직
내가 살아 있을까?

떠나는 것은 말이 없다

모든 떠나는 것은 말이 없다

아침이면 어김없이 떠올라
8월의 하늘을 달구며
용광로 불구덩이를 휘저어
맥없이 드러누운 대지를 향해
끓는 쇳물을 뚝뚝 떨어뜨리던
여름의 절대적 군림

영원한 것은 없다

그 열기 조롱하듯
그을린 목덜미를 핥고 지나가는
바람 한 자락에
치솟던 열정 무릎을 꿇고
자꾸만 돌아가 안기고픈
풀 죽은 육체의 소리

그러나
떠나는 것은 약속하지 않는다
그 가슴을 허락하지 않는다

네게로 가고 싶었다

겨울비 내리는 밤
나는 네게로 가고 싶었다

방울방울 무게를 더하여
곧게 내리꽂히는
날 선 빗소리를 들으며

나는 내 불면의 이유를
네게 묻고 있었다

왜 너는 아직
거기 서 있는지

긴 어둠
빗소리에 가라앉고
젖은 새벽이 눈을 떠도
대답 없는 너

적막한 가슴은
자리를 걷고 일어나
네게로 내달리고 싶었다

우산도 버려둔 채

본능

가슴에 고인 그 사랑을
모두 토할 수 있다면
얼룩진 상처 부여안고
나 몸부림친다면
죄를 씻을 수 있을른지

삶의 본능은
후회 속으로 날 유혹한다
그리고 그 활력은
나를 존재하게 한다

낙엽

되려 나를 가라시면
가을에 떠나려 하오
숲의 그늘에 가리운
이른 아침길을 떠나려 하오

가고 또 가는
그 길이 멀고 험하여
틈새에 끼여
다른 울림으로 노래하여도
그 저문 길로 가야만 하오

흰 눈에 덮여
저려오는 고통에도
그 길목 너머 어렴풋이
제 살 깎아 움이 트는
자연의 순환에 잠들려 하오

시향詩香

이상을 이상히 여기고
부서진 가슴 내밀어도
손가락질이나 받고
부르튼 발 디밀어도
반창고 한 바퀴 나눠주지 않는
현실이어도
흔적을 위한 산고,
들판에 선 허수아비만큼은
필요할 것이네

세월이 흐른 뒤에야 남을
흔적들 지키는 그 정성으로
모두는 기억할 거네

그것이 자산가치로야
비록 초라한 액수일지라도
삶의 양식임을
먼 훗날 알 것이니
그대는 바다를 지키는 등대이네

꽃 한 송이

추운 겨울밤
그대는 내 곁에 다가오고
달빛에 간간이 비추어진
달덩이 같은 자그마한 얼굴

동그랗고 커다란 눈망울에
장미처럼 화사하고
백합처럼 그 청초함의
내면에서 솟아나는
은은한 향기를 뿜는 듯

달빛에 비친 아름다운 모습이
마치
날개옷 입은 선녀가
내려와 있는 것처럼

외로움으로 차갑게
얼어붙었던 마음 녹아서
내 옆에는 예쁜 꽃 한 송이가
있는 듯이

금강錦江의 황혼黃昏

황혼黃昏이 물드는 대청댐의
강가에서 바람이 훑어 지나가고

물새 한 마리
강물 위에 앉아 있다 날아
저 멀리 사라져 버리니

내 있는 이곳 어둠이 밀려오듯
외로움이 젖어오는데

희로애락喜怒哀樂이라는 것은
어디론가 가 버리고
외롭고 쓸쓸해 보이는 모습

마음 둘 곳 없어
쓸쓸하기만 한데
넓디넓은 금강은 끝없이
아득한데 아무리 살펴봐도
의지할 곳 없네

노란 민들레

일출 어둠을 찢고
동편의 해가 솟아
하늘은 밝아오고

땅에선 푸르른 새싹들이
무성하게 자라고

한 곳에 외롭게 피어난
노란 들꽃 민들레라 했던가

아름다운 여인과 견줄 수 없는
한 송이 노란 민들레꽃

한 쌍의 흰나비는 꽃 위에서
춤을 추다 내려앉아

한참을 속삭인 후
어디론가 떠나가고

혼자 남은 민들레는
외롭다 아우성친다

봄의 요정

쓸쓸한 나목에 물 올리어
오색 사랑 그리는
당신은 봄이었나요

살며시 불어오는 훈풍에
진달래 봉오리 살찌우고
종다리 노래하게하는
당신은 봄이었나요

수줍은 난초 함초롬히
인사하고 아지랑이
사랑을 속삭이게 하는
당신은 봄의 요정입니다

찬 바람이 불고 응달은
손을 놓지 않지만
눈부신 하늘 흰 구름에

그림을 그릴 줄 아는
그대는 사뿐히 다가오는
봄의 요정입니다

아버지

신혼살이 하던 최전방의 산골 초가집
나이 어린 딸 시집보내고 편치 못한 마음에
소리 없이 내리는 눈 허리까지 오던 날
문풍지 흔들며 오신 아버지

초라한 신접살림에 목메어 돌아서시며
꼬깃꼬깃한 만 원짜리 한 장 어린 딸 손에
꼬옥 쥐어주시고 달음질치시듯
시골 버스에 실려 가시던 그리운 모습

어느새 몇 십 년 모습은 간데없고
살포시 내리는 눈 속에 내려앉은
당신의 기침소리 작은 문틈에 낀 그림자

조그만 액자 속에 사진으로 옮겨 앉으신
당신의 향기 가슴에 안고
세월 속에 불러보는 아버지

선운산 가는 길

알록달록 봄의 색깔에
옷매무새 동참하고서
선운산 동백꽃 축제 가는 길

노오란 산수유 함초롬히 피어
나를 반기고 소슬바람 불어와
삭풍에 시달린 가지들
더덩실 춤추며 웃음 짓고

붉디붉은 선혈 꽃잎 되어
사르르 내려앉는다
봄나들이에 화들짝 놀란 가슴
더욱 붉게 타오르고

수천 년 겹겹이 쌓인
해풍의 고뇌를 저다지
붉은 핏빛으로 수를 놓으며

또 하나의 감동으로
맞이하리니 고결한
그 입술 어이 붉지 않으리

새벽을 여는 사람들

붉게 물든 태양 아래
떼지어 날아오르는
갈매기들 사이로
출렁이는 파도소리

오늘도 누군가는
어정漁艇에 눌러앉아
망망대해와 하나가 되어가네

수평선 넘고 넘어
멀리서 들려오는
풍어의 소리

먼동에 잠기어
내일을 기약하는 새벽,
새벽을 여는 사람들

봄이 오는 길목에서

꽃봉오리 찾아서 길을 걷다가
지나온 발자취가 그리워 뒤돌아보곤
세월을 한탄하듯
쓴웃음 지어 보낸다

겨울에 떨어져 말라 버린
인생과도 같은 낙엽을 밟고 서서
멀리서 들려오는 장엄한 소리에
귀 기울여 먼 산 바라본다

산새 울음에 마음 다잡고
흔들리는 바람에 속삭이는
먼 산울림, 계곡마다 우거진 거목
그 안에 어울려 속삭이는
봄이 오는 소리

산줄기 사이사이 흐르는
보석 같은 물줄기
봄은 오는가
그 안에 살포시 기대어 본다

우리의 삶

성난 파도처럼 솟아오르는
마음속 깊은 곳에 자리한
슬픔과 기쁨의 행로行路
누구를 위하여 살아야 하는지
귀로에 서 있다

인생살이 고달파 지쳐 쓰러진
군중 속으로 파묻혀 가는 우리의 삶
기약없는 약속

시련과 고통으로 지쳐버린
벽과 벽 사이를 두고
방황을 선택한 그들의 빈 가슴
감싸줄 수 없는
오늘 난 그길에서 멈춘다

사진으로 보는

〈바다문협〉의 이모저모

도시철도공사 초청 제7회 〈시와 그림이 있는 풍경〉 시화전 개최식
장소 : 녹사평역 전시관
일시 : 2006. 5. 8~5. 13

바다문협 제6차 문학세미나를 마치고
장소 : 부산 해군회관
일시 : 2006. 8. 18~8. 20

제8회 난고김삿갓문화잔치 초청 시화전 및 바다문학상 시상식
주최 : 바다문인협회
후원 : 영월군청, 김삿갓보존회
일시 : 2005. 10. 8
장소 : 영월김삿갓문학관 광장
수상자 : 조영인 시인
시상 : 문효치 국제펜클럽한국본부 이사장

제8회 김삿갓문화큰잔치 초청 시화전에서 최영선 시인
일시 : 2005. 10. 8
장소 : 영월 김삿갓문학관

〈바다문협〉 제6집 동인지 《내 허락 없인 아프지도 마》 출판기념회
일시 : 2006. 4. 22
장소 : 국일관 드림존

〈바다문협〉 제 6집 동인지 《내 허락 없인 아프지도 마》 출판기념회를 마치고
일시 : 2006. 4. 22
장소 : 국일관 드림존

제1회 〈바다영상작가상〉 대상 시상식
주최 : 바다문인협회
후원 : 영월군청, 김삿갓보존회
일시 : 2006. 9. 30
수상자 : 정은아
시상 : 최영호 바다문협 회장

서울매트로 초청 제11회 〈시와 그림이 있는 풍경〉 시화전 개최식
장소 : 서울매트로미술관
일시 : 2006. 10. 17~10. 21